フランス人は年をとるほど美しい

ドラ・トーザン

大和書房

文庫化にあたり

若いほうがいいですか？

新しい美意識を楽しんで

Bonjour!

２０１５年に出版されたこの本が文庫本になる事はとてもうれしいです。この本が出た後、年齢を重ねる事はポジティブなメッセージという内容の本が色々出ましたねぇ……。

年とること、そして死ぬことは、誰にも必ず起きること。生まれたからには選択肢がありません。

若いほうがいいですか？　もちろん若い時のほうがかわいいし、若い時のほうが元気。

でもだんだん年をとると、自信を持ち、そして自由になる。だから人生が面白くなり、また違う美意識が養われるのです。

誰の人生でもなく、自分の人生を生きると、年をとってもずっと変わらない。「好きなことだけで生きる」とずっと若い。同名のタイトルの本が大和書房から出ています。ぜひこの本も読んでください。

今、このプロローグを書いていますが、肩に大問題が発生しています。日本の友人からは「ドラ、それは四十肩か五十肩よ」と言われてびっくりしました。フランスではこんなコンセプトはありませんから！

でも病院で診てもらったら「四十肩」ではなく「脱臼」でした。

やっぱり日本では何でも年齢と関係しますねえ（笑）。

この肩を治すためにはしばらくの間ゆっくりしなければなりません。じっとしていることは私にとって我慢ですが、治すために頑張っておとなしくしています。でも元気になったらちょっとわがままになってもいいかも。

年をとるほど楽になる。
楽になるから自由になる。
自由になるから経験が増える。
経験が増えると可能性が広がる。

いい事しか起こらない。

2018年9月　ドラ・トーザン

はじめに

女はボルドーワインと同じ。時間を経て美味しくなる。

熟成し、複雑なまろやかさを醸し出す

ボンジュール!

ドラ・トーザンです。

わたしは生粋のパリジェンヌですが、20年以上前から東京に住み、今はパリと東京の神楽坂を行き来しながら、日本とフランスの架け橋として、執筆や講演、テレ

ビなどのメディアを通して活動しています。

『フランス人は年をとるほど美しい』。これは本当です。

美味しいボルドーワインと同じように、女も年を重ねるほど、美味しくなる。ボルドーワインはつくられた時から、15年、20年という歳月をかけ、熟成し、複雑になり、そしてまろやかにその味わいと色を変えて、まるでビジュー（宝石）のように美しく、その価値を高めるのです。

だから、「まるでボルドーワインのような女性だ」というのは、フランスでは最高の褒め言葉。日本人の読者の皆さんは信じられないかもしれないけど、本当に、フランスでは正しく年を重ねた女性が美しいとされ、モテるのです。

先日、ある作家にお会いしたら、「ドラ、綺麗になりましたね」と言われました。その人に最後に会ったのは、もう20年も前。わたしがＮＨＫのテレビ番組『フランス語会話』に出演していた頃です。「昔のドラは綺麗ではなかったってこと？」

「昔から全然成長してないってこと?」と一瞬思いましたが(笑)、彼が言いたかったのは、20年経っても雰囲気が全然変わっていない。それどころか、輝きが増したという褒め言葉でした。

なるほど、そういうことね。わたしの大好きなボルドーワイン。

そういえば、フランス人女性は、年をとればとるほど美しいと思ったのです。

でもなぜ、年をとるほど美しいのかしら――。

それは成熟するから。人間の美しさは肌のハリやツヤ、シワやシミの数、お腹回りについた脂肪では計り知れないものがあるのです。ワインと同じように、フレッシュなだけでは味わえない〝深み〟こそが、女に与えられた最高の美。

だから、フランス人は年齢のことをまったく気にしません。特にわたしは、子どもの頃から「年齢なんて関係ない」と思って生きてきました。年をとるのをイヤだと思ったこともないし、怖いと思ったこともありません。それより大切なのは、どうやって年をとるか、つまり、どうやって今を生きるかということのほうが大切。

なぜなら、誰でも同じように、年はとるんですもの。

年をとることはネガティブなことではない

そんなわたしが初めて日本に来た時はショックを受けました。

日本人は年齢を気にします。

「まだ結婚していないの？」

「もう歳だから」

「いい歳して……」

最近はアラサー、アラフォー、アラフィフといった言葉が雑誌に並びます。

そんなに年齢にがんじがらめにされて、窮屈じゃないのかしらと、不思議でなりませんでした。

パーティーにいけば「おいくつですか？」と聞かれ、新聞や雑誌の取材記事には年齢を掲載され、日本ではどこにいっても年齢、年齢、年齢……。

いったい何なの？

年を重ねるということは、けっしてネガティブなことではありません。

正しく年をとれば、どんどん成熟し、自信に満ち溢れ、美しくなれるのですから。

「でも、正しく年をとるって、どうやって？」

簡単よ。

自由に生きる。自分らしく生きる。我慢しない。わがままになる。いつまでも女であり続ける。美味しいものを食べる。アムール（愛）を忘れない。

たったこれだけ。

思い出してみて、若かった時の自分そのものじゃない？

これらすべてをあきらめなくていい、手放さなくていいのです。今から、いいえ、これからもずっと自分のやりたいことをやる。それが正しい年のとりかた。

自分らしく生きている人は、溢れ出るエネルギーがありますから、いつまでも心は若々しい。現に、20代でもいつも浮かない顔をしている女性もいれば、70代でも溌剌と元気いっぱいの女性もいます。その差は、「自分らしく、好きなことをして今を生きているか」。フランス人の女性はこのことをよく知っていて、だからこそ自分のために、力強くしなやかに人生を歩んでいるのです。

フランス語に、envie（オンヴィ　やりたいこと）とen vie（オンヴィ　生きている）という単語がありますが、この2つは発音がまったく同じです。「やりたいこと」と「生きている」が同じ発音というのはすごく興味深い。

好きなことを存分に楽しむというのは、今を生きることにつながるのです。

そういう人は、年をとってなお、ますます輝きます。

年をとっても、年をとりません。

パラドックスに聞こえるかもしれませんが、事実です。

だって、自分に似合うモノ、似合う人、似合う仕事が分かり、肩肘張らずにラクな気持ちで生きていけるのです。自分らしく生きていけるから、年を重ねるほど、人生はますます楽しくなる！　わたしはそれを確信しています。


人を魅了するのも、男を魅了するのも、若さだけじゃないの。

この本は、年をとるほど美しくなるためのヒントが詰まっています。

東京・神楽坂とパリを行き来するわたしだから見えてきたことを踏まえて、あれこれとお話ししたいと思います。

きっと、数時間後、年をとるのが楽しみでしかたなくなる。

だって、つまらない年齢という意識から解放されて、自由になれるのだから。

人生は一度きり。
あなたの人生は、あなたのもの。他の誰でもない自分の人生です。
だから、皆さん。Vivre sa vie!（ヴィブル　サ　ヴィ）
他の誰でもない、愛すべき自分の人生を、自分らしく楽しんで！

目次

Chapitre 2
女であり続ける

Chapitre 3 シンプルシックに暮らす

Chapitre 1

わがままに生きる

Vive la liberté!

年を重ねるほど

自由になれる

Libre

見栄から解放されるとラクになる

年をとると、よく見せようとするプレッシャーから解放されます。そのラクさと言ったら……。これは、年をとらなければ分からない大人の特権です（笑）。

20代のわたしを振り返ると、肩肘張って生きていたように思います。

それは、ファッションにも表れていました。

当時は、上下スーツがわたしの仕事の定番スタイル。スーツを着るだけで働く女性であることを印象づけることができます。

まだ若かったわたしは、「20代のくせに」とバカにされたくなかった。だから「頭が良くて、インテリジェンスのあるドラ」をアピールしたかったのです。無理して背伸びして、自分の賢さを演出していたのです。早く30代になりたくてたまりませんでした。だけど、スーツ姿は、誰が着ても似たりよったりな格好になってしまい、没個性の象徴だなと今は思います。

でも今のわたしは、自然体。

男性と張り合う必要もありません。

あの頃のわたしは、「インテリジェンスこそわたしのアイデンティティ」と思っていたので、「美人」「綺麗」という評価にさえ強い抵抗があり、いちいち反論していました。


日本に来て間もない頃は、「美人」「綺麗」「スタイルいい」「モデルみたい」「女優みたい」と言われる度に、内心、「わたしの取り柄は、脚だの顔だの外見だけ？」とバカにされたような気持ちになっていたのです。

そして「インテリジェンスがあるところを褒めてほしいのに！」といつも悶々としていました。

というのも、わたしは子どもの頃から勉強が好きで、学校では飛び級して上の学年の人たちと机を並べていました。そう、インテリジェンスをとても重視していたからです。だから、外見で人を判断することがイヤでたまらず、教養、頭の良さこそが肝心だと思っていました。

けれど今は、「ビューティフル！」と言われたら、それを素直に受け取って「ありがとう」と言えます。いえ、むしろ、昔とは真逆の考え方になり、「人は見た目が大事ね」と確信するようになったほど（笑）。

ちょっとくらいバカにされても平気

美人教師、美人弁護士、美人ドクター。いいじゃない。

今では、「もしかして、わたしのことバカにしてる？」と感じても、「どうでもいいわ〜」と笑い飛ばせます（笑）。

「その歳で髪の毛伸ばしたいってほんと？」と嫌味を言われても、「そうよ。いいでしょ？」とにっこり。

若い時は、こんな対応は絶対にできませんでした。多少自信もついて、褒め言葉にも素直に「ありがとう」と感謝できます。受け入れ難いことを言われたら過剰に気にせず流せるようになったのです。

年を重ねることで自分自身から解放され、自由になれる。そのままのわたしを肯定できるから、より自分らしく生きることができるのです。

智恵がつくから

自分が分かる

Sereine

生きるのがどんどん楽しくなる

年を重ねて経験を積むと、智恵がつきます。智恵がつくほど生きるのがラクになり、楽しくなります。

わたしは、20代の頃、ストレートすぎる性格がアダになっていました。

パリで父親とランチに出かけた時。

何かの話題を振られてわたしが分からなかった時、「ドラ、君は全然本を読んでないね」さらに「バカだね」と。その一言で頭にきてしまい、まだ食事も運ばれてないのにレストランのドアを乱暴に閉めて帰ってしまったことがありました。

確かにわたしも若かったので、ちょっとバカだったわ。今、思い出しても恥ずかしい。わたしは自分の感情をむき出しにして、父を傷つけただけ。

当時は、自分の言いたいことを、言いたい時に口走り、喜怒哀楽の感情をそのままぶつけていました。それでいいと思っていたのです。もちろん、「はっきり言う」「本音で話す」のがわたしの考えですが、「はっきり言うこと」と「無用に人を傷つけること」とは違います。

でも、年をとって智恵がついたら、同じようなシチュエーションになっても、対応が変わってきます。他者との関係性を意識しながら、その時々の状況に応じてうまく対応できるようになったのです。20年分の年を重ねて、その間にいろんな経験をして様々な考え方を学んだからこそついた智恵。人とのほどよい距離感がつかめ、心地いいところが分かってきました。

トゲのある一言を言われても、いちいち動じなくなって「ハハハ」と受け流せるようになります。

意地悪なことを言われても「どうでもいいわ〜」「あら、そう?」とさらりと流せるようになる。

怒るでも反論するでも落ち込むでもなく、いつしか笑って切り返せる自分がいました。

「自分は自分」と思える強さ

智恵がつくと自分が分かる。自分が分かると「自分は自分」と思える強さや自信が備わってくるのです。それだけではありません。自信があると、本音で話せるし、何を言われても気にならない。

自分のことが分かると我慢しなくてよくなります。

自分の好きなこと、イヤなことがわかるので、我慢してイヤなことをしなくなる。だから、嫌いな人、興味のない人とは適度に距離を置き、関わらないようにする術(すべ)も身につくのです。

これは、わたしの人生哲学の一つ。若い頃は、誰とでもソツなく仲良くなろうとしていましたが、大人になるにつれ、「誰とでも仲良くできるわけじゃない」ことが分かってきます。

分かろうとしても、分かり合えない人もいる。

あるいは、これまで仲良くしてきたけど、価値観などが変わっていき、考え方がだんだん合わなくなってくる人もいます。

この時、合わない人をバッサリ切るのではなく、適度に距離を置くのです。そのほうが限りある時間を有効に使えるという意味で、お互いにとっていいのです。距離を保つことで、お互いにもっと心地良く過ごすことができるのです。

わがままに生きると

幸せになれる

Passionnée

我慢すると老化する

わたしはわがままです。みんなから「ドラはわがまま！」と言われますが、それはわたしにとって最高の褒め言葉！

なぜって、人は我慢すると幸せになれないからです。そして我慢の人生は女を老けさせます。我慢なんて何一ついいことはないのです。だから、みなさんも我慢せず、どんどんわがままになりましょう。

わたしの知る限り、どんな時でもエレガントでキュートな女性は、ほとんどわがまま。上手にわがままを使って、しなやかに生きています。

それに比べて我慢を強いられる人生はどうかしら。独身時代は自分の時間を犠牲にし、やりたいことを我慢して仕事、仕事、仕事。結婚して子どもが生まれたら今度は育児に熱中。そして、ある日、夫とはセックスレスになっていることに気づき、女としての自信を失う。わたしの知っている、特に頑張っている日本人女性には多いタイプかもしれません。

わたしが翻訳の時に困るのが「頑張る」という言葉を訳す時。フランス語には「頑張る」という単語が存在しません。それでも訳すならファイト（戦え！）。でも正確には言い当てられていません。「頑張る」には、努力して自分を犠牲にして何かのために尽くすというニュアンスがあるように思えます。

フランス人女性の生き方は、もう少し肩の力が抜けています。

仕事でどんなに忙しくても、同僚とユーモアを言い合うのは忘れないし、教師や弁護士といった職業でもセクシーさは忘れません。

子育てをしている時もそう。子どもの相手をしながら、パートナーと一緒にワイン片手にフロマージュ（チーズ）を食べながら語り合う時間を確保するのです。ピンと張り詰めた糸はプチンと切れてしまいますが、適度に緩ませた糸なら切れることはありません。

頑張りすぎずに、ほどほどでいい。やりたいことはやりたい、やりたくないことはやりたくない。

妻だからといって、ママだからといって、自分を犠牲にする考えはこれっぽっちもない。だからこそ、上手にわがままでいれるのです。

わたしの言うわがままは、自己中心的な振る舞いではなく、自分らしく生きるための、ちょっとした自己主張の方法。妻としてでも、ママとしてでもなく、一人の女性として、一人の人間として、「何がしたいか」「どう生きたいか」を考えます。それがはっきりしているから、わがままを言える。

La plus grande chose du monde, c'est de savoir être à soi.
——Montaigne

この世の中で最も偉大なことは、自分自身を知ることだ。
——モンテーニュ

フランスを代表する哲学者モンテーニュの言葉です。個人主義と言われるフランス人の私から見ると、日本人の他者を思いやる気持ち、同調することで和を保とうとする気持ちは素晴らしい一面もありますが、そればかりでは窮屈に思えます。
もっと自分を優先してもいいのでは？

もしかしたら「わがままはいけません」「わがままばかり言っては嫌われますよ」と育てられてきたかもしれませんが、そんなことはありません。
わたしはものすごくわがままですが、人から好かれることはあっても、嫌われてなんかないもの。それに、自由に生きると、自分がハッピーだからいつもご機嫌でいられる。いつもニコニコご機嫌だから、人から嫌われることはないので、安心してわがままになって。

わがままに、そして、幸せに。

人の人生ではなく

自分の人生を生きる

Originale

世間の目は気にしない

フランスで調査したあるアンケートによると、20代よりも40代の今のほうが「自分のことが好き」と答える女性が多くいます。実際、フランス人の男性は、40代の女性に最も魅力を感じると思う人は多いです。

それはおそらく、経験を積み重ね、自分らしさを見出し、精神的にも強くなりエネルギーに満ちているからだと思います。一緒にいてエキサイティングな人に、人は魅了されるのです。

「年を重ねるほど、輝きを増す」生き方をしているから、当然といえば当然。もちろん、刺激があるだけではありません。たくさんの悲喜こもごもを経て、人生の機微も知っているから癒やされるのです。

大木の年輪のように、何層も深みがある女性こそ素晴らしいと感じる男性は多いと思います。

ただし、パワフルでエキサイティングな人生を歩むには、自分自身を好きであることが大前提。

みなさんは、自分が好きですか？

わたしは、「大好き」と即答できます。

なぜなら自分の好きな生き方をしているから。

日本人は、他人からどう見られるかという「世間の目」をとても気にします。でも、大切なのは自分。フランスでは個人の幸せを尊重します。他人に気に入られる人生ではなく、自分が気に入る人生とは何か考えてみるのです。

とはいっても、日本人は〝和〟を重んじる文化だから、なかなか難しい一面もあると思います。団体行動が好き、「出る杭(くい)は打たれる」というように、人と違うこと、ルールから外れることにはとても風当たりが強いのも事実。

わたしも日本にいて長いので、みんなとおんなじ行動をとることがいかに重視されているかは、分かります。旅行に行った時のスケジュール、パーティーでの振る舞い、その他いろいろ。自由で気ままなわたしには難しいこともあるけど。

自分の好きな生き方をしたいのに、できないと言う人がいます。

でも家族が反対するから、子どもがいるからできないと言い訳をしているのは自分自身じゃないかしら。自分で勝手に壁をつくって最初からできないと決めつけているだけ。結婚していても、子どもがいても、働いていても、あなたの人生の一部にしかすぎません。誰かの人生を生きることはできない。自分の人生は、自分の足で生きる。

やりたいこと、好きなこと、それをしている時に幸せを感じることがあれば、それをすればいいのです。趣味でも勉強でもビジネスでもなんでもいいのです。

Le plus grand secret du Bonheur,

c'est d'être bien avec soi.

—Fontenelle

幸福の最大の秘訣は、自分自身とうまく付き合うこと。

—フォントネル

リトルガールを
失わない

Amusante

最強の味方は自分自身

一人の時間で考えごとをしたい時は、心の中にいる〝もう一人の自分〟と対話すると、自分の気持ちが明確になったり、整理されることがあります。

どんな時もそう。ハッピーな時はもう一人の自分とそのハッピーをシェアする。悩んだ時はもう一人の自分の声に耳をすませる。

先日わたしは、連日仕事が立て込んで疲れがピークの日に、夜からパーティーの予定が入っていました。行くべきか、行かざるべきか。わたしはもう一人の自分に問うてみました。

「疲れているから、今日のパーティーはやめておこうかな?」

「そうなの? 新しくてエキサイティングな出会いがあって面白そう」ともう一人の自分に言われたので、わたしは「確かにそうだ。行かなきゃもったいない。ちょっとだけ顔を出そう」と、出かける支度をしました。

こんなふうに「自分対自分」で対話する。もう一人の自分は、腹立たしい出来事があってなかなか怒りが収まらない時は「まあまあ」となだめてくれるし、つらくて泣いてしまった時は「大丈夫だから」と、底なし沼から引き揚げてくれる。マイナスに傾きかけたらプラスの方向に軌道修正してくれる役割を担います。

つまり、あなたの最大の味方は、家族でもない、パートナーでもない、友達でもない、あなた自身なのです。あなたがあなたを否定したら、自分で自分を追い込んでしまうだけ。

だから、つらいことがあってなかなか立ち直れない時は、自分を甘やかしていいし、慰めていいのです。「どうしたい?」と聞いてみて、しばらく一人になりたければゆっくり過ごし、美味しいものを食べたければ出かければいいし、内省して真剣に考えたいならそうすればいい。

内なる心の声に耳を傾ければ、次第に自分がどうしたいのか分かってきます。

自分の最強の味方は、自分自身だと知ること。

〝もう一人の自分〟と話したい時は、自分の気持ちをごまかさずに素直に思いをぶつけて、どうするべきか考えていきましょう。

でも、本当にシリアスな時は、信頼できる人に相談することも忘れないで。わたしの場合、妹に話を聞いてもらいます。遠いパリにいるけど、電話で話をしているうちに、元気になってきます。そしてお互いを深く理解することができる。

信頼できる家族、友人。本当に困っている時は誰か一人、そういう人が必要なのです。

自分の中の5歳の少女

それからもう一人の味方を忘れないで。それは自分の中のリトルガール。

リトルガールは5歳の時の自分。少女のまんま。子どもっぽくてわがままで自分勝手な、イノセントな子どもの自分。

それがリトルガール。

だから、楽しいことが大好き。おしゃべりで、キュートなものに目がなくて、女の子が好きなもの、ハッピーにしてくれるものが大好き。

美味しいスイーツを食べると、リトルガールはとっても喜びます。楽しい本を読んでもリトルガールは大はしゃぎ。もちろん恋への憧れも。リトルガールは好きな人と目が合うだけで、うっとり。

いくつになっても素直で自然体のままの少女を自分の中に抱き続ける。あなたの中に5歳のあなたがいる。

そのリトルガールを解放する方法は、例えば変な顔をして笑ってみるとか、「疲れたー！」って寝転んで足をバタバタさせるとか、少女がやりそうなことをしてみるの。仕事をしている時の自分、家族や友達、パートナーといる時の自分では、見せることのできない部分を解放するのです。

いい歳した女の人がはしゃぐなんてバカみたい？

いいえ、リトルガールを解放することで、いつまでも若さを保つことができるのです。

Toutes les grandes personnes ont d’abord été des enfants.
Mais peu d’entre elles s’en souviennent.
——Antoine de Saint-Exupéry

どんな大人たちも、一度は子どもだった。
でもそのことを覚えている大人はほとんどいない。
——アントワーヌ・ド・サン＝テグジュペリ

「うらやましい」より

「憧れ」を

Brillante

自分の個性を再認識する

日本にいて不思議なことの一つに、「うらやましいの連発」があります。

「パリと東京を行ったり来たりの生活なんて、うらやましい！」

「顔が小さくてうらやましい！」

「柔らかなブラウンのナチュラルカールの髪がうらやましい！」

この言葉は、何？

「うらやましい」と言われるたびに、わたしは戸惑います。パリと東京の往復生活は偶然だし、顔が小さいと言われても、小柄な日本人のほうがわたしより顔は小さいのです。髪の毛だって、日本人のストレートの黒髪の美しさといったら！

一番驚いたのは、パリ出身であることをうらやましがられた時！ さすがに絶句しました。

「うらやましい」に似た言葉に「憧れる」がありますが、こちらは理想の人物に魅了されること。でも、「うらやましい」はコンプレックスの気持ちがあるのでは。自分と相手を比べて、どこか自分を下に見ている感じがして好きではありません。

美人だからうらやましい、お金持ちだからうらやましい、結婚しているからうらやましい。

うらやましいには際限がない

フランス人はうらやましいなんて言いません。なぜなら、ほんとうにうらやましいなんて思わないから。彼女は美人、彼女はお金持ち、彼女は結婚している。ただそれだけです。他人が美人だろうが、お金持ちだろうが、関係ないのです。

「うらやましい」を連発していたら、たちまち自信がなくなり、幸せから遠ざかってしまいそうです。

「うらやましい」と思う前に、まずはありのままの自分を受け入れてみてはどうでしょうか。黒くてまっすぐな髪の毛の自分がここにいることを認めるのです。実はそれが、あなたの個性（originalité）。髪が黒いことも、日本人であることも、何が好きで何が嫌いかも、全部個性なのです。誰かと比べてうらやむ必要などどこにもないのです。

それから、笑顔も立派な個性です。

あなたの笑顔は、あなたにしかつくれない最高の個性。まさに、「笑う門には福きたる」。ニッコリ笑った人を嫌う人はいません。今日から毎日、最高の笑顔で過ごしていきましょう。

自分の幸せを

最優先する

Heureuse

幸せだから、人に幸せを与えられる

まず、自分が幸せになる。

フランス人は、この大切さをよく分かっています。

日本とフランスでは幸せの定義が正反対。フランスでは個人の幸せが皆の幸せにつながると考えます。でも日本には〝和〟という考えがあるので、皆の幸せが個人の幸せより優先されがちなのです。

ですから日本人の女性は、自分の幸せよりも周りの幸せを考えてしまう人が多いような気がします。しかし、皆の幸せのために自分の幸せを犠牲にし、我慢しているのではないかしら。夫のため、子どものために、自分のやりたいことを我慢する。

でも結局フラストレーションがたまってイライラするし、周囲もそんなあなたを見ていい気持ちはしません。我慢しても、いずれストレスフルになって爆発するのがオチ。いつか綻(ほころ)びが出るものです。それは、結局はお互いを傷つけ、幸せから遠ざかってしまうことになります。

だからたとえわがままと言われようと、**我慢せずに自分の幸せを追求していいのです。**自分も、パートナーも、家族も、友人も、すべての個々が幸せで初めて周りの人を幸せにできるのですから。パートナーがいようが、子どもがいようが、趣味でも仕事でも自分がやりたいと思ったことはやってみればいいのです。

子どもがいても、たまには夫婦だけでデートしたい。そう思ったら、実行すればいいのです。仮に親や親戚、友達が「子どもを置いていくなんて」と非難しても、悪いことをしているわけではないのです。気にする必要はありません。誰かに預ける算段をしたあとは、堂々と出かければいいのです。

フランスでは、子どもがいても、パートナーとデートして甘い時間を過ごす日をつくるのは当たり前です。その間はベビーシッターに預けます。経済的に豊かな人だけに限ったことではありません。フランス人はアムールのためならお金がなくてもあきらめません。限られた予算の中に、シッターやハウスキーピングを組み込むのです。そしておしゃれして、いつも行くところよりも少し高めのレストランに出かけるなどして二人で存分に話をして愛を語らい、ワイン片手に美味しい食事をします。

自分の幸せを追求することは、決して「自分勝手」という意味ではありません。フランスは確かに個人主義ですが、むしろ、人を助ける精神に溢れた人が多いです。なぜなら、自分が幸せだから人の幸せも願うのです。日常生活の一部になっているボランティアへの参加。着なくなった洋服やおもちゃも捨てることはしません。様々なNGOを通じて寄付します。「国境なき医師団」「世界の医療団」というNPOやNGOもフランスの医師たちが集まり組織したものです。

フランス人は、道ゆく人が困っていれば声をかけるし、身近な人が悩んでいれば親身に話を聞きます。その前提には自分の幸せがあります。自分が幸せで心のゆとりがあって、初めて他の人を幸せにできるのです。
だから、遠慮せずに、まずは自分が幸せになりましょう。

Il n'y a qu'un devoir,
c'est d'être heureux.
——Diderot

義務は一つしかない、それは幸せであること。
——ディドロ

怖がらずに右足を出してみる

Autoname

ワクワクする気持ちと少しの勇気

20歳より30歳、30歳より40歳のほうが、その分、たくさんの経験をします。いろいろなものを見て、聞いて、学んで。いろんな人と出会って、話して、笑って。

それが10年、20年積もってくれれば、だんだん自分が分かってきます。似合う服が分かるし、似合う友達も、似合う人生も分かってくる。そうなるほど、人生は楽しくなる。だから、年をとるほうが楽しくなるとわたしは思います。

経験は多いほど、美しく年をとらせてくれる。その経験を与えてくれるのは、ほかでもない好奇心。好奇心がすばらしい経験をプレゼントしてくれます。

わたしはパリのソルボンヌ大学で応用外国語学修士号を取得し、ドイツに留学しました。なぜって奨学金でドイツに行けるんだから、行かないわけにはいかないと思ったのです。

ドイツから戻ってパリ政治学院で学び始めたのですが、その後にインターンシップで日本の地を初めて踏むことに。実はこの時、ドイツ、タイ、日本のいずれかを選ぶことができたのですが、ドイツはすでに留学済み、タイはヴァカンスで訪れたことがあり、日本だけが行ったことのない国でした。しかもインターンが終わればリポートを提出すればいいだけですから、「行きます、行きます」という感じで、日本にきました。

そして日本にひとめぼれ。でもこの時はまさか日本に住むことになるなんて考えてもみませんでした。

ホームステイ先のファミリーが冗談で「ドラ、NHKのフランス語会話の講師になれば！」と言うのです。わたしはフランス語のネイティブなので、その気になって、なんと、電話帳をめくってNHKにダイヤルしたのです。興味は持ってくれたけど、次の担当者が決まっていて、即採用にはなりませんでした。

その後、パリに戻ってNYで国連の仕事に就いたのですが、NHKのプロデューサーから出演の依頼を受け、本当にテレビ番組『フランス語会話』の講師として日本に戻ることになったのです。そして現在に至ります。

トントン拍子の自慢話に聞こえるかもしれませんが、違います。

リスクもあったのです。たった一人で日本にきて、1年たったらNHKの仕事もなくなるかもしれない。でも、わたしの好奇心とやってみたいという気持ちがそうさせたのです。

やってみて失敗したら、それでいいじゃない。

トライしてみることが経験につながるのです。失敗なんて実は大した問題ではありません。

わたしは目標とか努力とは対局のところで生きてきました。だって、どんなに努力しても、目標が達成されるかどうかなんて分からないから。それなら、好奇心や興味というワクワクする気持ちと、ほんの少しの勇気でトライしたほうが、経験という貴重な宝物を得ることができると思いませんか？

そして、結局、このNHKのテレビ番組がきっかけで、今も日本に住みながら、テレビ、新聞、雑誌といったメディアを通して、また講演や司会を通じて日本とフランスの架け橋として毎日忙しく過ごしています。

フランス人にも人気のあるウディ・アレン監督は、こんなことを言っています。

80% de la réussite, est dans le premier pas.
——Woody Allen

成功の80%は、最初の一歩にかかっている。
——ウディ・アレン

まずは一歩、その右足をそっと踏み出してみる。そうすれば未知の世界に飛び込めます！

悩んだら

好きかどうかで決めていい

決断したら振り返らない

人生で最も難しいことの一つが、選択することです。

決めるまでは悩んでも、一度決めたら振り返らずに前に進む。そんな潔い人生を歩んできた人は、凛としています。

わたしがＮＨＫのテレビ番組『フランス語会話』の講師として日本にくる時、三つの選択肢の中から決断を迫られました。

一つは、国連関係の仕事を続けること。

一つは、イタリアの法務大臣経由の仕事をすること。

一つは、日本に再びきてＮＨＫ『フランス語会話』に出演すること。

さあ、どうする？

この時は悩みました。日本にはひとめぼれしていたので、日本に行きたいという気持ちはもちろんありました。でも、ＮＨＫの仕事はフルタイムジョブではなかったし、1年契約という条件でした。1992年のことだから、バブルがはじけた直後とはいえ、物価は世界的に見ても高いうえに円高。住む家もない日本に一人で行く不安。日本語はまったく分かりません。話せる言葉は「サヨナラ」だけ。

わたしの経歴を話すと、「好奇心が旺盛な、気ままに生きる、わがままなフランス人」と思われることがあります。

確かにわたしはわがままで気まま。でもやるべきこと、準備は全部やり切る。もちろんプラスとマイナスを計算してリスクを考え、ロジカルに分析する。

それでも答えの出ない時もあるのです。そんな時は自分の中の声に耳を傾ける。


わたしは本当にこれがやりたい？

わたしは本当にこれが好き？

人生なんてどうなるか分からない

最終的に日本にくるのを選んだのは、日本人とは気持ちが通い合う部分が多いと感じたからです。フランス人は、ロジックで考えて自分の意見を述べることに主眼を置く人が多い。それに対して日本人は、もっと情緒的なもの、直感的なものを大切にします。フランスと日本を行き来するのは、論理と情緒のバランスがとれる意味でも、心地良いと感じました。

ひとたび決断したら、まっしぐら。日本に行くと決めたのだから、全力で『フランス語会話』の仕事をしようと思いました。とはいえ当時は、日本語はほとんど分かりません。でも、決めたあとは、度胸あるのみ。収録初日は、スタッフがたくさんいる大きなスタジオがすごく怖くて、何台もあるカメラのどこに向かって話せばいいのかも分からず、焦ってばかりだったことを今でもはっきりと覚えています。

結局、1年契約だった番組講師は5年間続き、『フランス語会話』でご一緒した

M先生のつながりで、慶應義塾大学湘南藤沢キャンパスで専任講師としての仕事も得ました。やはり、思い返しても、あの番組への出演は、わたしと日本を強く結びつけてくれた大きな出来事でした。

人生は、どこでどう転ぶか分かりません。

人生は決断の連続。

決断したら、そのことに集中する。もしも、みなさんが迷ったのちに何かを選択したのなら、あとはもう後ろは振り向かないで！　それが必ず未来のわたしにつながっていきます。

「やったことがない」から

「やってみる」

Personnelle

前例に固執するのは思考の老化

新しいことにチャレンジする。誰もやったことがないからやってみる。素敵だと思いませんか。

日本人の中には、「今までやったことがないから、できない」という言い方をする人がいます。いつもと違う仕事を頼まれた時、友達がハマッている趣味に誘われた時、「今までやったことがないから、できない」で拒否してしまえば、せっかくの新しいチャレンジをフイにしているのと同じこと。仕事ができるのかできないのか、趣味が合うのか合わないのかは、やってみて初めて分かることです。「今までやったことがないから、やってみよう！」という考え方にシフトすると、できること、やれることが広がり、ポジティブに、自分らしく生きることにつながるのではないかと思います。

以前、東日本大震災の直後に、こんなことがありました。

震災で多くの人の命が亡くなりとてもショックを受けたわたしは、しばらくパリに帰省していました。ちょうどその時、新しい本を発売したばかり。その書籍が雑誌で紹介されることになり、わたしの写真を東京で撮る予定でした。

でも、時は非常事態。パリにいたのですぐに東京には戻れません。

そこで、「わたしの写真ならストックがたくさんあるので、それをメールで何枚か送るので、どれかを使ってくれませんか」と編集者にお願いしたところ、返ってきた返事がこれでした。

「ドラさん、ごめんなさい。編集長にダメだと言われました。今までやったことないことだから……」。

「え……!?」

震災直後という特殊な事情においても、「今までやったことがないことは、できない」と言われたのです。おかしいと思いませんか?

なぜ、日本人はこんなにも慣習にこだわるのでしょう。

もちろん、これは社内の事情が絡む出来事なのは分かっています。けれど、編集者も疑問に思ったら、ストックしている写真を使うことで誰が不利益をこうむるのか確認してもよかったのではないかと思います。それがたとえ今までやったことがなかったことだとしても、やってみることで「写真は、撮り下ろしたものを使わなくてもよい」と、より効率的に仕事を進めることができるようになるかもしれないのです。

わたしは日本が大好きですが、これは日本人の悪いくせ。スペシャルシチュエーションにおいて、何も決められない。それはとても怖いこと。これからの時代、マニュアル通りにならないことのほうが多い。マニュアルが安全、安心だった時代はもう終わり。もっとフレキシブルに考えなければいけないと思います。

前例に固執すると、古い考え方から抜け出せなくなり、新たな考えを取り込む余地がなくなってしまいます。

これは思考の老化と同じです。こうあらねばならない、こうあるべきという凝り固まった考え方から脱却し、多様なモノの見方ができる人を目指しましょう。

一人の時間は

自分と向き合う時間

Solitaire

心を緩めるために一人の時間をもつ

孤独――。

辞書には、「仲間や身寄りがなく、ひとりぼっち」とか「思うことを語ったり、心を通わせたりする人が一人もなく寂しいこと」とあります。

確かに、これも「孤独」の定義ですが、フランス人が思う「孤独」は、あえて一人の時間をつくることです。一人でいると、改めて自分自身を振り返ることができます。「自分対自分」で向き合うことになるので、仕事をしている時の自分、家族や友達、パートナーといる時の自分がなかなか見せない部分が解放されます。

「孤独」は、ストレスフルになりかけた自分の心を緩められるという効用があります。日産自動車のCEOカルロス・ゴーンさんは社長業で多忙を極めるはずなのに、必ず一人の時間をつくるそうです。それがあるからこそ、仕事にも邁進できるのだとか。日々、時間に追われ、仕事に追われ、家族の雑多な用事に追われている人こそ、意識して一人になる時間を確保し、パワーチャージすることが大切だと思います。

「孤独」は、もう一つ、周囲の人と心地良い距離を保てるようになる効用もあると思います。わたしは、人と一緒にいるのは大好きですが、家族でも、恋人でも、親友でも、どんなに気の置けない人でも、距離が縮みすぎると遠慮がなくなってしまいます。だからこそ一人になって心をメンテナンスすることで、気持ちも新たに相手と向き合えると思います。

一人の時間をつくったら何をするか。

わたしは、お気に入りの香水をつけたり、お香をたいてリラックスできる環境をつくってからボーッとします。頭をからっぽにすると、とっておきのアイデアがポンと浮かぶこともあります。

座禅もおすすめです。今、フランスでは座禅がブーム。先日、座禅にハマっているフランス人のテレビ番組のプロデューサーに教わり座禅をしてみたら、雑念が取り除かれていくようで、とてもいい気分になりました。座禅じゃなくてもメディテーション（瞑想）でもかまいません。静かな部屋で足と手を組み静かに目を閉じるだけでも十分にすっきりすると思います。

一人でカフェやバーでゆっくりするのもいいと思います。日本はフランスに比べて女性が一人でも入れる場所がたくさんあります。都心ならば、一人でお店に入ってもおかしいとは思いません。

パリでは、こうはいきません。一人でカフェやビストロに入ることはできても、すぐに男性客に話しかけられて、とてもじゃないけど一人で考えごとができる感じではなくなってしまうのです（笑）。

日本のほうが一人で楽しめるバーやカフェがたくさんあります。そのメリットを享受して、一人の時間を活用するのもありだと思います。

群れから飛び出してみる

Indépendante

孤独と向き合う

一人でいることは人生に必要なこと。
一人をエンジョイできない人は、本当の意味で自由ではないわ。

わたしも家族に会いたい思いが募る時は孤独を感じます。特に5年前、99歳で亡くなった祖母は、わたしを愛し、心配し、常に気にかけてくれていたから、祖母が会いたがっているという話を聞くと、今すぐにでも飛んで帰りたい気持ちになったものです。

だけど、そういう寂しさも含めて人生は〝パッケージ〟。

そういうふうに考えられると、自分の人生が愛おしくなると思います。
東京とパリを行き来する今の生活は、自分で選び取ってきたものだから、寂しい時があっても、やるせない時があっても、それも込みで人生です。その思いを味わうからこそ、人に優しくできるし、今まで以上に深みのある人生になっていくと思います。

一方で、孤独と向き合えず、なるべく一人になりたくないという人もたくさんいます。いつも誰かと一緒にいないと安心できないため、たとえパートナーとうまくいってなくても、苦手なママ友がいても、一人でいるよりはマシだという心理が働くのです。そこがどんなに居心地が悪くても、グループや仲間という枠から外れるのが怖いのです。

でも、人とつながっていれば孤独から逃れられるかと言うと、そんなことはありません。友達がいて、家族がいて、結婚して子どもが産まれて、いつも誰かと一緒にいる状況なのに、孤独を感じている人はたくさんいます。

そもそも、人は、生まれながらにして一人なのだから。これはわたしが言うまでもなく、『仏説無量寿経』の一節にも書かれています。

人、世間愛欲のなかにありて、独り生れ独り死し、独り去り独り来る。

人は世間の行(こう)に囚われて生活しているけれど、独りで生まれて独りで死に、独りで来て独りで去る。それぞれの行いによって、苦しい世界や、楽しい世界に生まれるという意味です。

生まれながらにして一人。これは言い換えれば、自分の代わりは誰もいないということ。時には群れから抜け出し、かけがえのない自分を慈しんでください。

一人であるということを受け入れられた時、寂しさや孤独はなくなります。

ユーモアで

人生を軽くする

Drôle

難しい時ほど、ユーモアが助けてくれる

フランス人はユーモア好き。ユーモア（humour）やアイロニー（ironie）を織り交ぜて話します。もうこれは小さな頃から染みついたもの。ユーモアを交えるからその場が盛り上がったり、シリアスなムードが和らぐのを知っています。カチンとくる一言を言われても、笑って水に流すことができるのです。

わたしがパリに帰る時、よく言うのが「今から、歩いてフランスに帰ります」。こう言ったらフランス人だったらクスッと笑うか「気をつけてね」とさらに冗談で返すかで済みますが、日本人は「え～。ドラさん本当？」と本気で驚くのです。

こんなこともあったわ。「わたしは毎日ゴキブリを食べています」と言ったら、「え～。そ、そうなんですか……」とドン引き。わたしのほうが「え～！」と仰天してしまいます。そんなわけないじゃない！（笑）

だから日本にきた当初、わたしが日本語の単語で必死に覚えたのは「ありがとう」「さようなら」、そして「冗談です」の三つ。これを3週間ぐらいかけて毎日暗誦しました。それほど、「冗談ですよ」と言って訂正する機会が頻繁にあったのです。それを口にした瞬間ほどがっかりする時はありません（笑）。

フランス人は難しい状況の時ほどユーモアで軽くしようとします。財布を落とした人がいたら「荷物が軽くなったね！」という感じ。一瞬、ふっと緊張が緩むのです。これはとても大切なこと。

日本のお笑いのバカ笑いではなく、日常生活の中で常に笑いを取り入れる。それがユーモア。

ユーモアに似ている感覚に、アイロニーもありますが、こちらの方が皮肉が入っています。もともと相手を批判する気持ちでいるので、意地悪く相手の弱点などを突くようなモノの言い方をします。少量のワインを1杯しか飲んでいないのに酔って吐いた人に対して「お酒、強いんですね」と言う感じです。これはわたしでもたまに疲れる時があります。有名なのがフランスの新聞の風刺画。これはフランス人ならではのおもしろさです。

ユーモアにしてもアイロニーにしても、会話の中にそれをはさむことで〝隙〟が生まれ、お互いに心の余裕が生まれます。異文化衝突が多かった多民族社会では、ユーモアは表情豊かなコミュニケーションツールの一環でもあったのです。

ユーモアは人生にクスッと笑いを与え、難しい時ほど軽くしてくれる最高のコミュニケーションツールなのです。

日々の生活の中にクスッとした笑いを散りばめているからずっと若々しくいられるのです。

Chapitre 2

女であり続ける

Femme intemporelle

パリジェンヌは

人からどう見られているかを

意識している

Féminine

フランス人に猫背はいない

パリジェンヌは、人から見られていることを知っています。

見られている人は、美しい。モデルも女優も、見られる仕事をしている人は、どんどん綺麗になると言いますが、これは本当です。

見られることを意識することで、女は美しくふるまおうとします。自分の魅力は？　歩き方はどう？　ちょっとしたしぐさも意識します。会話の時も手を組み替える、足を組み替えることでより魅力的に見せることができるのです。ささいなことですが、しぐさは女性の美しさをより際立たせる最高のテクニック。

そうすることで、自分の魅力に自信を持つことができます。さらに自信がオーラを放つのです。

パリジェンヌは60歳、70歳になっても、いえ、年を重ねるほど、より強く「人からどう見られているか」を意識するようになります。

だからパリには60歳近くになってもカッコイイ、お手本にしたい雰囲気の女性がたくさんいるのだと思います。

先日も、カフェのテラス席でコーヒーを飲んでいた70代くらいの女性。グレーのワンピースに黒いヒール、顔は化粧っ気がないけど、赤い口紅と赤いマニキュアが際立っていて素敵です。ヘアスタイルは、白髪を巻き髪にして無造作にバレッタで止めて。全身から放つオーラが何とも言えない感じなのです。

なにより驚いたのが、席を立って歩いた時の姿。思わず振り返るほどの〝姿勢美人〟。ピンと伸びた背で、コツコツとヒールの音を響かせながら颯爽（さっそう）と歩いていました。

しぐさはエレガントなドレス

そう。人からどう見られているかを知っている彼女たちは、例外なく姿勢がいいのです。フランス人の女性で猫背の人はほとんど見かけません。年配の人も、背筋はまっすぐ、ピンとした人が多い。

姿勢、歩き方も含めての「わたし」ですから、猫背なんてありえません。

猫背にならない秘訣は簡単。鍛えるのです。ももの裏や腹筋、胸の筋肉、背筋。背骨をしっかり支える筋肉を強化しないと猫背になってしまいます。最も簡単で手軽なエクササイズが歩くこと。毎日できます。しかもお金もかからない！

パリに来たことがある人なら知っていると思いますが、パリ市内は石畳のところが多く、場所によっては、細かな段差、坂道、階段もたくさんあります。世界中でもっともスーツケースをひいて歩きにくい国じゃないかしらと思います。

パリにいる日本人ツーリストを見て、友人が「日本人の女性は姿勢が悪い人が多いわ」と口にします。

日本にいる時は目立ちませんが、パリの街中ではうつむき加減で足をひきずるように歩いている日本人女性は目立ちます。どこか自信がないように見え、エレガンスさや颯爽とした雰囲気が感じられず、とても損します。

まずは歩く姿から変えましょう。笑顔で堂々と、背筋を伸ばして顔を上げ、足をスラリと伸ばして颯爽と歩きましょう。

しぐさは最もエレガントなドレスです。自信とオーラに満ちたしぐさを身にまとってください。

あなたはいつも見られています。

女は一生セクシー

Séduisante

足を組むのがパリジェンヌ流

「セクシーなわたし」を意識する。

これは、年を重ねるうえで絶対に必要なこと。

フランス人にとってセクシーは、テーマにあげるまでもなく当たり前のこと。

でも、セクシーにもいろいろあるわ。フランス人にとってのセクシーとは何か？

それはさりげないセクシーを演出すること。

グラマラスなボディを強調することでもなく、色気を振りまくことでもありません。見せればいいものではない。

そう、セクシーは上品でさりげないもの。

まずは足。足にも表情があります。太いとか短いとかは関係ありません。座った時に、お行儀よく足をそろえてじっとしているより、足に表情を持たせるために、組み替えるのがパリジェンヌ流。クロスの仕方一つで印象が変わります。それから、わたしが信じられないのは夏のスカートにストッキング！　これはダメ。夏のストッキングは不要です。フランス人にとって夏の生足は当たり前。ティーンズの特権ではなく、女の特権なのです。だからフランス人にとって脱毛はいくつになっても欠かせません。お手入れしたひざ下を魅せるのがフランス人の流儀。

これは「死ぬまで女性でいる」という心意気だと思います。妻になってもママになっても、ずっと一人の女として生きていく。それを意識すれば、必然的に女性らしいわたしとは何かを考えるし、セクシーに見えること、見せることにも意識が向くと思うからです。

魅せたいポイントを一つに絞る

女性らしいわたし、セクシーなわたしになる第一歩は、自分の体の部分でどこが最も魅力的に見えるか考えること。

胸、デコルテ、うなじ、肩。どこを選ぶかは人それぞれ。

その時に大切なポイントは、ひとつだけセレクトするということ。胸の谷間も見せて、うなじも強調して、足も出して……は、やりすぎ。今日はVラインのTシャツで胸を美しく魅せる。髪をアップにしてうなじをさりげなく。ヒップラインが綺麗な人はパンツで。そうやって毎日楽しむものです。

今日のファッションのポイントを一つ決めたら、それをいかにして見せるか。パリジェンヌ流アピールはとにかく「動く」こと。足を組み替える。体の向きを変える。髪をかきあげる。方法はいろいろ。体全体から表情が生まれるので、ぜひトライして。

フランス人はランジェリーの使い方も上手。コットンやスポーティータイプのものは普段使いに、サテンやシルクのものはデートの時に……といった具合に使い分けています。同じシルクでも、形がノーマルタイプかTバックかも考えたいし、色も、黒なのか、白なのか、パープルなのか、淡いピンクなのかで、はいた時の印象は大きく変わる点も意識したいところ。

パリ市内にはランジェリーショップがたくさんあるので、好きなお店がいくつかあって、そこをちょくちょくのぞくパリジェンヌは多いです。一人でふらりと出かける時もあるし、パートナーと一緒に買いに行くこともあります。ランジェリーショップに男性がいても怪しまれません(笑)。オープンな感じです。

わたし自身がランジェリーを買うのは、元気がない時。落ち込むことがあった時、ランジェリーショップにお世話になることが多いです。新しい下着を買うと、「やっぱり頑張ろう」という気持ちになるから不思議です。

女には贅沢が必要

Belle

マッサージで体のメンテナンス

若さの秘訣は、人生がベストコンディションではなくても、いつもニコニコすること。

とはいっても心が健康でなければ体のどこかに不調が出るし、体が健康でなければ心が弱ってしまうことも。わけもなく不安、焦燥感、苛立ち、後悔……など、マイナスのエネルギーに傾いてしまう日もあります。

そう感じたら、どうするか。わたしは、即座に体のメンテナンスに出かけます。

手っ取り早いのは、マッサージ。家の近くのお気に入りのマッサージサロンで、指圧で、全身をほぐしてもらいます。凝り固まった体を押してもらうと、たまっていたストレス、飲みすぎによる全身の滞り、仕事の疲労など悪いエネルギーが毒素として洗い流してもらえるような気持ちになります。

ビフォアーとアフターは、誰の目にも分かるほど全然違います！　肌ツヤが良くなって顔の表情が明るくなり、眼精疲労も取れるせいか目もぱっちり。足取りも軽やか。体がほぐれると、心もほぐれます。

Il faut soigner le corps
pour que l'âme s'y plaise.
——Saint François de Sales

魂が満足するように、肉体を健全に保たなければならない。
——サン＝フランソワ・ド・サル

フランスはエステの歴史は長いけど、マッサージは数年前までは風俗を意味し、女性が利用できる店は皆無でした。最近、やっとまとも（？）なマッサージのお店ができましたが、日本のほうがはるかにその数は多いし、施術も上手な人がたくさんいます。手頃な値段だから通いやすいのもいいです。ちなみに、外国でも、今、指圧は大人気です。

余談ですが、日本人はパートナーとのスキンシップが少ないと言われているわりには、知らない誰かにマッサージで全身を触られるのは大丈夫ですよね。これは、〝ジャパン・パラドクス〟じゃないかしら？　フランス人はパートナーとのスキンシップが多いですが、マッサージで触られるのはイヤと思う人が多いです。

体のメンテは、マッサージでなくても、鍼灸でもいいし、フェイシャルエステでもいいです。

心のメンテは、自分の気持ちが上向くようなことをしたいですね。新しいヘアスタイルにする、ネイルやペディキュアをしにいく……など。

それから、よく寝る。これは、体と心を健やかに保つ秘訣です。

マイナスに傾いても、寝てしまえば翌朝にはすっきりしていることはよくあります。一晩寝たあとだからこそ、なぜ昨日、気持ちが乱されたのか見えてくることもあります。くよくよして、真夜中まで深刻に悩んでしまうくらいなら、寝たほうがいいわね。

毎日、いろんな自分がいますが、人生は、朝が来るたびにもう1回新しい人生が始まります。昨日のわたし、今日のわたし、明日のわたしは違います。

エステに身をゆだねて、リラックスする。女の特権です。気持ち良くなって、美しくなりましょう。

時に、女には贅沢が必要なのです。

ブランドアイテムより、

MIXスタイル

Élégante

似合うかどうかがすべて

ブランド品で固めたファッションに身を包むわけではない。でも、特別感が漂い、オーラが出ているのがパリジェンヌです。

CHANEL（シャネル）, Dior（ディオール）, Saint-Laurent（サン ローラン）, GIVENCHY（ジバンシィ）……。フランスのトップブランドはたくさんあります。もちろん本店はすばらしい店構えで、インテリアも世界最高。でもパリジェンヌたちは、持っているブランド品は、母から譲り受けたCHANELのバッグ一つ、という人も多いです。ちなみにLOUIS VUITTON（ルイ ヴィトン）のバッグを持っているフランス人を、わたしはあまり見たことがありません。

これらのブランドをつくったファッションデザイナーは19世紀後半から、世界のトップクラスで活躍した人ばかり。

なぜ世界という舞台で活躍できたか？　それは革新を起こしたから。ファッションを通して、女性の生き方と体を変えた、新しいファッションだったからです。ですから、わたしたちはブランドアイテムとしてではなく、クリエーターとしてマドモアゼル・ココ・シャネルを、ムッシュ・クリスチャン・ディオールをリスペクトしているのです。

フランス人はファッションが大好き。興味もあるし、おしゃれをするのは男女問わず当たり前。だからフランス人は、すばらしいデザイナーを尊敬していますが、だからといって買うわけではないのです。

なによりも重視しているのは、その人に似合うおしゃれをしているかどうか。だからパリジェンヌはいくつになっても輝いていて、世界中の女性がファッションやライフスタイルに注目している理由だと思います。

「新しい×古い」「高い×安い」MIXスタイル

その人らしいファッションと言っても、難しく考える必要はありません。

「こんな服を着たら、年甲斐もないと言われそう……」などといった考えはひとまず置いておき、自分が好きなもの、着てみたいものを着るのが正解です。

パリジェンヌが洋服を買う場所は、本当に様々です。Tシャツやパンツなどはリサイクルショップや日曜日に開催されるマルシェで、カシミアなど上質なセーターはブティックで、と上手にお店を使い分けている人もいます。

ユニクロやH&Mなどファストファッションの1000円程度のTシャツを着て、その上に母親からもらったブランドのジャケットを羽織るような感覚です。自分がいいと思えば、アンティークショップも、ネットストアも活用します。

つまりMIXスタイルが得意なのです。新しい×古い、高い×安い。

それからうっかり気が緩むのが足元。でも靴選びはことさら慎重に。「これだ!」と思うまでは、どんなに試着しても買わないのがパリジェンヌ。自分にとってとっておきの1足を選ぶのですから、妥協なんて絶対にしません。

試着した足を自分の目で確かめるだけの人がいますが、ダメ! 鏡で全身を見て。鏡を見ることはとても大切です。全身のバランス、印象。人はあなたを見る時に靴だけ見るわけではありません。全体を見るのです。それを忘れないで。

ファッションは頭の上から足の先まで。どんな素敵なスタイルでも靴がイマイチだったらすべて台無し。何度でも堂々と歩くには自分にぴったりのシューズが必要。靴が足に合っていなければ、自信たっぷりに歩くことはできません。

とことん考えて、しっかり見ることが、自分に似合うものを知ることにつながるのです。

シンプルシックは

一生もの

Chic

トレンドに流されない

パリジェンヌは年を重ねるほど、自分の着たい服、美しく見える服が分かり、〝自分スタイル〟が確立するので、ファッションセンスが研ぎ澄まされていきます。

といっても、その格好は決して奇をてらっているわけではありません。ブラウスにパンツ、シンプルワンピに短い丈のジャケットを羽織るなど、日本人のワードローブにもありそうなシンプルなパーツを上手に組み合わせてまとめている人がたくさんいるのです。

クローゼットの中を見ても、ブラックやホワイトなど基本カラーのシャツやニット、スカート、ワンピなどが圧倒的に多く、次いでベージュ。これにピンクやオレンジなどの個性的なカラーがちらほらとある感じです。

これは、わたしがもっとも大切にしている「シンプルシック」という考え方に通じます。シンプルとは、「飾り気やムダのないさま」のこと。「シック」とは、「上品で洗練された」という意味。わたしが思うシックは、シンプルを土台にしながらも、そこにエレガンスさを加えるなど何かしらのエッセンスをプラスする、あるいは、どこか〝崩し〟を取り入れるなど遊び心をプラスする感覚です。

シンプルシックという言葉自体はわたしの造語ですが、これに近い考え方はパリジェンヌの根底に流れていると思います。

シンプルシックの極意？　簡単です。

1　時間をかけない
2　トレンドに流されない

たったこれだけ。時間の使い方はとても大切。そのためには今日のメインを決めてからスタイルをつくる。今日はこのドレスがメイン、このアクセサリーがメイン、この靴がメインというようにアイテムを一つ決めてから合わせていくとゲームみたいで楽しめます。これは女性だけに与えられた至福のゲーム。

ワードローブは自分のセレクトショップ

そしてトレンドに流されないから、〝来年はもう着れない服〟がないことも重要。ワードローブには、選びに選び抜いたアイテムばかりだから、何を着ても似合うし、時代を感じさせないのです。値段にかかわらず、自分だけの一生ものを揃えるのもシンプルシックの秘訣。トレンドを意識するのは悪いことではないですが、パリジェンヌなら、そのエッセンスを取り入れつつも、自分らしいおしゃれを追求します。

わたしは洋服をスタイリングする時は、ブラック×ホワイト、グレー×ホワイトなど2色をベースにしています。それ以上の色が入るとごてごてした感じになるので避けています。加えてオーガンジーの明るい色のスカーフをサッと首に巻く。あるいは、指輪、サングラス、腕時計、帽子などのいずれかのアクセサリーで変化をつける。

シンプルシックは、こんなふうにシンプルなアイテムにパッと華やかになるアクセントを加えたり、ビシッと決めたスーツにポップな指輪を合わせるなど、かっちりしすぎない、ラフすぎない、そのさじ加減を楽しむこと。今日からトライできる簡単なファッションです。

パリで生まれ、パリで育ったわたしは、小さい頃から大人のシンプルシックを見て、ファッションを学んできました。自分らしいセレクトを考え、トータルコーディネートを考え、シンプルシックを意識するのを忘れません。

ダイエットより姿勢

Parisienne

食べること、着たい服は我慢しない

年を重ねると、若い頃よりも見た目は少しずつ変化します。シミやシワが増える、忙しい日が続くと肌の調子が悪くなる、痩せにくくなる……など。だけど、変化は悪いことではありません。体が変わるのは仕方ないもの。ネガティブになる必要なんてまったくないわ。わたしはそう思います。

試しに全身が映る鏡を見てみてください。そこにはどんなあなたが映っていますか？　わたしは昔よりは少し太りました。先日は、生まれて初めて日本製のガードルを買ったほどです（笑）。とはいえ、「痩せなきゃ！」と周囲に言いつつも、食べるのが大好きなので、ついつい食べ過ぎてしまいます。美味しいものを食べるのはわたしの人生の大きな楽しみの一つ。時々ダイエットは考えますが、我慢してまで頑張るつもりはありません。みんなもそのことは分かっているので、食べて、飲んで、楽しそうにしているわたしを笑って見てくれます。

痩せている人でも、昔に比べれば二の腕の肉付きがよくなったり、下半身が太った、ヒップラインが下がったなどの変化は感じるようになります。そうなったら、今の自分にはどんなファッションが一番似合うのか改めて考えてみる機会ととらえればいいのではないでしょうか。

だけど、体型キープのためだけにダイエットに走り過ぎるのはダメ。食べたいものを我慢するのはフランス人は大嫌い。そして着たい服を我慢するのもダメね。鏡を見て工夫する。そういえば先日、お気に入りのブラック×ホワイトのワンピースを着て仕事をしましたが、膝上のミニ丈。「ちょっと短いかな?」と思いましたが、黒いタイツをはいてみたら足も締まって見え、全体のバランスがよかったので、とても好評でした。工夫次第でどうにでもなるものです。

姿勢を正すだけでエレガント

日常の中にちょっとしたエクササイズを取り入れることで、体も引き締まってきます。わたしも今まではタクシーと電車を利用していましたが、最近は自転車。暖かくなってきたので、気持ち良いし、エクササイズにもなります。わたしの住んでいる神楽坂はその名のとおり坂ばかり。でも、ちょうどいいエクササイズになるし、節約にもなる。フランス人は賢く女度を上げるのです。

食べないダイエットより、楽しみながらエクササイズを楽しむ。ヨガやダンスも女性を美しくしてくれます。ヨガは体だけでなく、心のメンテナンスにもつながります。ダンスやバレエは、自然に美しい姿勢を手に入れるとっておきのエクササイズ。美しい姿勢をとると、スラリと長い首、上向きのバスト、凹んだお腹、そしてきゅっとしまったヒップが自然と手に入ります。歩く姿も優雅でエレガントに。また、「美しいとは何か」の問いかけにもなります。美しく踊ろうとすることで、美しい体の動かし方を意識するからです。完璧なボディラインを目指して食べる喜びを犠牲にするより、美しい姿勢、美しい身のこなしで体型はカバーできます。それどころか、より自分らしいスタイルをつくることができます。

ある日、鏡の前に立った時「今日のスタイルってわたしらしい」と思える、心地良い感覚がつかめると思います。

香水をつけない女に

未来はない

Sensuelle

一瞬で気分を変える魔法の水

香水は、人の肌によって香りが変わるのです。だから、同じ香水をつけても、同じ香りにはならないのです。例えば、わたしが日常でよくつけるのは、Yves SAINT LAURENT の Yvresse。わたしの場合、どんなコーディネートでもこれをつけるとサマになります。でも、別の女性がつけるとシャープな印象になったり、クールな印象になったりするから香水は面白いのです。フランス人にとって香水はファッションの一部。

香水の大きな効用は、気分を一瞬にして変えられること。フローラル系、スパイシー系、シトラス系、オリエンタル系……などいろいろなタイプの香りがあります。日本人は香水をつける習慣があまりないようですが、いくつか持っておきその日の気分で使い分けてみてはいかが？　香りを上手に取り入れて毎日楽しく暮らしていくことは、いくつになっても素敵なあなたでいることにつながっていくと思います。

Une femme sans parfum est une femme sans avenir.
——Coco Chanel

香水をつけない女に未来はない
——ココ・シャネル

ココ・シャネルのこの名言を用いるまでもなく、フランス人女性にとって香水は、日々の生活に欠かせないアイテムです。朝起きて顔を洗う、ごはんを食べるのと同じぐらい、なくてはならないのが香水。ちょっとその感覚は日本人と違うかもしれません。もっとも、フランス人はほとんどの人が香水をつけているから、混雑している地下鉄に乗ると、いろんな匂いが混ざってちょっとつらいことも（笑）。

香水は、香りの持続時間、すなわち濃度の高い順番に、パルファン（Parfum）、オーデパルファン（Eau de Parfum）、オーデトワレ（Eau de Toilette）、オーデコロン（Eau de Cologne）に分けられます。一番使い勝手がいいのはオーデパルファン。パルファンに近い濃度だけど価格を安く抑えているからです。長いものでは半日ぐらい香りが持続します。

香りと一緒に人生を歩む

わたしのコレクションはだいたい20くらい。基本的にその日の気分でどれをつけるか決めています。人によっては、1種類しか使わず、それを何十年も使い続ける人もいます。香りと一緒に人生を歩むというわけです。わたしはいろいろ使いたいタイプ。ただ、香りの好みは年齢に応じて変わるようで、昔はフルーティーな香りを好んでいましたが、最近はスパイシーな香りの減りが早いです。

状況に応じて、香水を使い分けることもあります。仕事の時はさっぱりとしたシトラス系で、夜のデートは官能的なオリエンタル系の香りで……。四季によって変えてもいいですね、夏は花の香りで、冬は甘い香りをプラスして……といった感じで。その日がお天気なのか、雨なのかによっても変えることがあります。

でも、なによりも重視しているのは、その日のコーディネートです。落ち着いた雰囲気でコーディネートした日は、香りはわざと甘めのフローラル系に。華やかな雰囲気でコーディネートしたら、香りはクールダウンしてシトラス系に。このように、香水をスパイス変わりに使っています。

自信がなくなった時、元気がない時につけるのは、YVES SAINT LAURENTのIn Love AgainやANNICK GOUTAL（アニック グタール）のVanille Exquise。甘い香りなのでハートフルな気持ちになれます。Christian DiorのDiorissimoもいいですね。Diorissimoは、クリスチャン・ディオール自身がプロデュースし1956年に発売以来のロングセラー。すずらんの清楚な香りに癒やされます。

女性らしさを演出したい時は、DiorのMiss DiorかGUERLAIN（グラン）のLa petite Robe noireあたりがおすすめ。高級感がありリボンがかわいらしいアクセントになっているMiss Diorは、優雅で気品溢れる香り。甘すぎないフローラル系なところも飽きずに長く使えていいです。La petite Robe noireは、華やかさのある香りです。

香水は女性をとびきり美しくする魔法の水。

ファッションを楽しむように、香水を楽しんで。

メイクは

5分で終わらせる

Naturelle

口紅だけで女のスイッチ

フランス人の女性は、〝ナチュラルに見えるメイク〟をしています。

ノーメイクではなく、ナチュラルに見えるメイクというところがポイント。

普段は、日焼け止めクリームを塗って、アイシャドウや口紅をします。たったこれだけで女のスイッチが入ります。5分もあれば終わるようなメイクをパパッとして出かけるのがパリジェンヌ。なのに、なぜ世界からおしゃれと言われるのでしょうか。

それは、フランス人女性は見られている意識が高いから。どんなに簡単な化粧でも自分をよく見せるポイントはしっかり押さえています。

フランス人は彫りが深く、目もくっきりとした二重。もちろん目力を強調するために丹念にアイメイクをする人もいれば、ナチュラルに見せたい人もいます。いずれも自分のスタイルを知っているからこそ、どこを強調し、控えるのか分かっているのです。だから似合うものをパパッと選べるし、メイクもだらだらと時間をかけずに、ものの数分で完了することができます。

わたしは、パーティーや講演会など特別なイベントの場を除いては、ファンデーションは塗らないので、5分もあれば終わってしまいます。人によっては、眉毛だけ描く、マスカラだけ塗る、リップだけ、などポイントメイクのみということも。

でもフランス人はリップにはこだわりがあります。優しいピンク、ビビッドなレッド、ヌードなベージュなど、スタイルに合わせて色を楽しむの。また、グロスだけで唇の立体感を強調する日も。

なぜ、年を重ねるほど化粧が濃くなるのでしょうか。日本人の友人を見ていると、ばっちりメイクをしている時よりも、すっぴんに近い時のほうがずっとかわいいなと思うことがよくあります。

特に日本人女性の肌はきめ細かく、フランス人から見ると陶器のように綺麗。それを知らない人がなんと多いことか！

それに、日本人は童顔と言われますが、その通りです。つまり、世界基準で見ると圧倒的に若く見える、ということ。だからこそ、ナチュラルメイクだけで十分に持ち味が出ると思います。

とはいっても歳とともにシミもチラホラ増え、透明感も失せてくるものです。肌にハリがなくなり、小ジワが目立ち始めると、ついつい化粧が濃くなるのが女の心情というもの。だけど、厚塗りすればするほどファンデーションのヨレが目立つ、午後になると粉がふくことで、一気に老け込んで見えてしまい、逆効果。

わたしも、テレビに出演する時などにばっちりメイクをしてもらうことがありますが、実際の年齢より年上に見られたり、きつく見えてしまうようです。

それに彼氏ができたら、いずれベッドインしてスッピンになるのです。

知人で結婚しているのに「夫の前でもすっぴんにはならない。化粧は落としても眉毛だけ書き足す」という人がいました。驚きを通り越して信じられない！　だって、そんな〝小細工〟はいつまでも続かないでしょう（笑）。

メイク一つとってても自分らしさは追求できるのです。

呼吸するように

「愛している」と言う

Amoureuse

肌も心も潤う

パートナーに愛をささやいてもらうのは、どんな美容法を実践するよりも綺麗になります。フランス人の友達は、「一番のリラックスはパートナーとセックスしている時」と言う人が多いですが、わたしも同感。愛し合った翌朝は、すっぴんで出かけてもお肌がつるつるなのです(笑)。「愛してる」とお互いに言葉にできる関係は、肌も心も潤います。

でも、日本人の男性は言葉で愛情表現をするのが苦手と言いますよね。

「うちは無理。あの人は、『愛してる』なんて歯の浮くようなセリフを今まで言ったことがないから」。こんなふうにあきらめている女性は多いですが、「今まで言ったことがないから、言えない」のではなく、「今まで言ったことがないから、言ってもらえばいい」のです。

わたしが、以前おつきあいしていた日本人男性。つきあい始めは愛情表現に乏しく、「愛してるんだから、言わなくても分かるでしょう」とばかりに自分の気持ちを言ってくれませんでした。

それでわたしが納得できるわけがありません。

「ドラのことが好きなら、ちゃんと言葉で聞きたいわ〜」と、ことあるごとに彼に言い続けたのです。

すると、どうなったと思います？

だんだん変わってきて、愛情表現が豊かになっていき、しまいには、「Je t'aime, Je t'aime, Je t'aime.（愛してる、愛してる、愛してる）」のオンパレード！ too much で、わたしのほうがうんざりするほどになってしまったのです（笑）。


フランス人のカップルは、目を見つめ合って話します。

カフェやレストランの小さなテーブルで、お互いの鼻がくっつかんばかりに近づいて愛をささやき合います。

Lettre d'amour（恋文）で愛を伝え合うのも盛んです。

フランスに限らず、ヨーロッパ、ラテン系の国の男性には、ラブレターは恋の常套手段。情熱的に愛を熱く延々と語るのです。今は、手書きではなくEメールで愛を伝える人もいますが、いずれにしても中身の熱さは変わりません（笑）。

愛を語るだけで細胞が活性化する

その昔、ナポレオン1世も戦地から妻のジョセフィーヌ宛にラブレターを書いていました。「朝起きると、もう君のことで頭がいっぱい！」「体を洗わないで待ってて」など、妻一筋だったのがよく分かります。8年前、ロンドンの競売で6900万円で落札されたナポレオンの手紙には、「三つのキスを贈ります。一つはハートへ、一つは唇へ、一つは瞳へ」と熱い想いがつづられています。

愛してる人に、愛してると伝える。

こんなシンプルな行為ですが、書く時ももらう時も、この「ドキドキ」が女であり続ける秘訣です。心臓がドキドキと鼓動し、全身の血流が動き出す。そう細胞一つ一つが活性化し、ホルモンが分泌されるのです。

体中が震える感じが、若さにつながると思いませんか？

どんな言葉を伝えるのかを考えるのも楽しい。

フランス人がよくするサプライズに、朝出かける時に冷蔵庫にJe t'aime（愛してる）というメモを残したり、職場から突然電話で「会いたいよ」「今朝は綺麗だったよ」なんてことも。

「愛してる」の出し惜しみは、それこそ老化につながるわ。

パートナーからの「愛してる」という言葉は若返りの秘薬と思って、お互いに愛をささやき合う。もちろん、いくつになっても。

愛を語るのはクリエイティブそのもの。

いちご、うさぎ……。

愛の暗号を持つ

Excentrique

アムール大国フランスはセックスも盛ん

結婚したあとでもパートナーと名前で呼び合うのは、いつまでも綺麗で若々しくいるための必須条件のようなもの。

ご存じの通りフランスは、言うまでもなくアムール大国。パートナーを愛しているし、愛情の証としてセックスも盛んです。2004年のデータでは、世界で一番セックスの回数が多いのはフランスという調査結果もあります（Durex社『セックスと性の健康に関する実態調査2004』で「セックスの頻度」より）。2005年の調査結果では、ランクダウンしたものの6位。愛情ホルモンのオキシトシンは常に出ているんじゃないかしら（笑）。

フランスでは、実は、カップルがお互いを下の名前で呼ぶのは稀です。そのように呼ぶ時は、ケンカした時だけ。だから「ドラ！」と呼ばれたら、二人の関係にヒビが入ったことを意味するのです（笑）。

ならばフランス人のカップルは、日頃お互いをどんなふうに呼ぶのでしょうか？

男性が女性を呼ぶ時、たとえばこんなふうにニックネームをつけています。

ma fraise（わたしのいちご）
mon chou（わたしのキャベツ）
mon lapin（わたしのうさぎ）
ma biche（わたしの牝鹿）
mon poussin（わたしのひよこ）

愛を確かめるニックネーム

何歳になろうが、「わたしのいちごちゃん」とか「わたしのキャベツちゃん」と愛情たっぷりに呼ぶのです。かわいいでしょう？　いつまでも素敵な女性でいる秘訣の一つだと思います。

ニックネームには果物や野菜の名前をつけることが多いけど、それ以外でも、男性が女性を呼ぶ時は ma chérie（わたしの恋人）、女性が男性を呼ぶ時は mon chéri は定番。mon amour（わたしの愛しい人）、mon bébé（わたしのベイビー）という言い方もよくします。

ちなみに、わたしが今までの恋人から呼ばれたニックネームで気に入っているのは ma perle（わたしの真珠）です。当時の彼は、話をする時は ma perle、ラブレターを書いてくれる時は ma perle d'amour（わたしの愛しい真珠）と呼んでくれました。

他に気に入っていたのは、mon trésor（わたしの宝物）。彼に「わたしの宝物」と言われながら毎回抱きしめられたら、みるみる綺麗になりそうでしょう？（笑）

特に意味のないニックネームをずっと使い続けるカップルもいます。

妹は結婚してもう長いですが、つきあい始めの頃からお互いを「chon」と呼び合っています。フランス語の単語ではないし、意味のない言葉ですが、響きが好きで使い始めたのか、「ション」「ション」と呼び合っている（笑）。でもこれも、愛の証の一つですよね。二人にしか通じないニックネームですから。

これらはすべて二人だけの暗号のようなもの。大切なのは、何歳になっても秘め事を共有し、慈しみ、育むこと。おばあちゃんになっても「わたしのいちごちゃん」って呼び合うのは素敵なことだと思います。

パートナーの愛を一身に受けて、「mon trésor」なんて、毎日のように言われたら、どんな美容法にお金を費やすより、はるかに綺麗で若々しくいられると思います。

恋人でいるための
サプライズ

Mystérieuse

ベビーシッターに預ける勇気

フランス人はいくつになっても恋に落ちています。何年経っても恋が結ばれた時と同じ気持ちでいたい。そのためには努力を惜しまないわ。子どもがいても、二人きりで出かける時間をつくって、ドレスアップして出かけます。その日は彼の知らない洋服をまとい、新しいランジェリーを身につけるのです。長いつきあいになればなるほど、サプライズは必要。そして二人だけの世界に浸るのです。

日本は子どもが産まれたとたんに「パパ」と「ママ」になって、夫婦二人だけの時間はほとんど取らず、子どもを中心に生活が回り始めます。住宅事情のせいもあると思いますが、子どもを真ん中にして「川」の字になって寝るから、愛し合う時間もなかなかとれません（笑）。たまには夫婦水入らずでデートしようと思っても、親や親戚が遠くに住んでいれば預けるのも一苦労。

でも、妻でもない、ママでもない、一人の女性として、夫から大切にされて過ごす時間が多いほど、家族は笑い合って過ごせると思います。まだ日本では、ベビーシッターに子どもを預けるのはダメな母親というイメージが根強くあるようです。でも、ベビーシッターを利用することは、フランス人はまったく悪いことだとは思いません。毎日一生懸命頑張っている子育てを、時々少しお休みするだけの話です。堂々と利用して、その間は、パートナーと映画に行くなり、雰囲気のあるレストランでロマンチックな時間を過ごすなりして、二人の時間を存分に楽しんでほしいと思います。

愛は形にこだわらない

フランス人のカップルは子育てしている最中も、二人の時間を大切にしています。今、「夫婦」ではなく「カップル」と言ったのは、フランスでは、法的にも「PACS（パックス）」という、いわゆる事実婚が認められているから。婚姻制度同等にパートナーと子どもが育てられる環境が整っていて、この制度を利用している人がとても多いのです。フランスの手厚い社会保障制度を見ると、出生率が伸び続けている理由が分かります。出産奨励手当から子育て手当までさまざまな手当が充実していて、育児休暇手当は、母親だけでなく父親が休暇を取った時にも支給されます。子どもが増えた時には、子ども手当が増額され税金は安くなります。育児手当は、先進国の中でダントツの20歳まで出ます。

仕事と子育てが両立できる様々な支援もあります。母親は法律で3年間の育児休暇を取れ、復帰したあとは同じポジションに戻ることができます。育児休暇を取らずに仕事を続ける人には、ベビーシッターや保育ママの援助があります。3歳から5歳の子どもが通う公立の幼児学校（マテルネル）の料金は無料。政府の援助はあらゆるケースが想定されていて、それはヨーロッパで一番手厚いといわれています。

ＰＡＣＳにより結婚そのものは減少しているのに、１９９４年に１・65まで下がった出生率が、２０１１年に２・03まで回復。しかも子どもができても仕事を辞める女性はほとんどいません。

結婚に縛られない生き方ができるので、自立した者同士、自由に愛し合います。

結婚しなくても、ＰＡＣＳ、同棲など、いろんな選択肢があるのです。形にこだわらない愛の形。とりあえず好きな人と一緒に暮らすという、フレキシブルなスタイル。結婚だけがすべてじゃない。

まず、カップルありき。

そして、ずっと恋愛感情を持ち続けることが、女であり続ける秘訣。

アムールを忘れないで。

Chapitre 3

シンプルシックに暮らす

Simple et Chic

クロワッサンは

週末、ベッドの上で

Romantique

週末のブランチはなんという贅沢！

週末のブランチは彼がBoulangerie（パン屋）で買ってきたクロワッサンをベッドで食べるのがパリスタイル。パリ市内には、少し歩けばパン屋が目に入るぐらい、たくさんのブーランジェリー（パン屋）があります。

ブーランジェリーで買ってくるのは、焼きたてのクロワッサンやパン・オ・ショコラ（チョコレートの入ったクロワッサン）。バターをたっぷり練り込んだサクサクと香ばしいクロワッサンは、美味しいけれどハイカロリー——。

だからフランス人は、平日はバゲットで済ませ、クロワッサンは休日のスペシャルな楽しみにとっておきます。時間のある時は、贅沢な気持ちになれるものを食べる。わずか2ユーロのクロワッサンだけど、そこに確かな幸せを感じているのです。

ホテルのルームサービスじゃなくても、日常生活の中でもスペシャルな演出はできます。フランスでは朝、パン屋さんに行くのは男性。その間、女性は愛しい人をベッドの中でまどろみながら待つのです。

そして、大きなトレイに焼きたてのクロワッサンとアプリコットやストロベリーなど何種類かのジャム、ハム、チーズ、サラダ、フルーツを乗せて、ポットにはジュースとカフェを用意。それをベッドに運んで二人だけのブランチがスタートします。

なんという贅沢！

お互いに忙しい日々を過ごしていても、週末の朝、ゆったりと一緒に過ごすことでたくさんの話ができるし、二人の仲も深まります。フランス人は、リフレッシュして新たな1週間に臨むためにも、平日とは違うゆったりした時間を過ごすことをとても大切にしています。

週末リセットで老化防止

日本人は、「平日のリズムが崩れるのがイヤ」という理由で、休日も早朝から起きる人がたくさんいますが、週末ぐらいルーティンから外れて違うことをしてみるのもいいんじゃない？　平日にたまった疲れをリセットして体も心も休めることで、月曜日からまた頑張ろうという気持ちになれると思うからです。

週末は、手づくりパンを焼いたり、ちょっと手の込んだ料理をつくるなど、ふだんは時間がなくてできないことをしてもいいですね。

パートナーと過ごすなら、外食してリフレッシュするもよし、二人で一緒にごはんをつくってもよし。料理好きな彼なら、彼におねだりして美味しいものをつくってもらっても楽しそう。映画を観る、美術館に行く、ハイキングに出かけるなど共通の趣味を楽しむ。これも、日頃多忙な人だったら、週末のちょっとした贅沢になりますし、気のおけない人と出かけるから、リラックスして英気を養えそうです。

それから〝週末リセット〟の習慣がつけば、イヤなことがあっても土日にゆっくりすることでいったん区切ることができるようになります。週末リセットは、疲れを取って新たなエネルギーをチャージすること。そうすることで老化も防止できるのです。

高カロリーでも
太らない食事

Gourmande

時間をかけて味わう

フランス人は美食家。美味しいものを食べるのが大好きです。わたしも、そう。

もちろんフレンチはご存じのようにハイカロリー。でも、パリジェンヌで太っている人はあまり見かけません。

たとえばわたしが好きな料理はグラタン。ポテトやズッキーニなど、季節の食材を使った定番。たっぷりのチーズとホワイトソースがたまらなく美味しい。それからマッシュポテト。シンプルだけど、レストランの数、家庭の数だけレシピがあるといっても過言ではない1品。

フォアグラは頻繁には食べないけど、外せないわね。エスカルゴはビストロでは必ずオーダーするくらいに好き。ラムチョップも捨てがたい。日本でも最近ジビエ（狩猟肉）が人気だから、ここ東京でも美味しいラムを食べられる機会が増えてうれしい。

食べ物のことを考えるだけで幸せ！

カロリーが高そう？

ええ、でも、我慢しません（笑）。

レストランに行けば魚も肉も食べる時もあるし、フランス人は甘いもので締めくくらないと食事が終わった気がしないので、食後のデザートも欠かせません。

La découverte d'un mets nouveau fait plus pour le genre humain que la découverte d'une étoile.
——Brillat-Savarin
人類にとって、新しい料理の発見は、星の発見より意味をなす。
——ブリヤ＝サバラン

ダイエット？　夏前になったらヴァカンスで着る水着のために考え、ダイエット宣言するパリジェンヌもたくさんいます。でも、フランス人は食べること、楽しいことに目がないのです。

だから、「今日は特別」「明日からダイエットよ」と言って、食べます。結局、食べるのが大好きだから、ダイエットなんてしないわ（笑）。

だけど、食べた量と太ることは比例しないと思っています。

それには、食事は時間をかけてゆっくり食べること。フランス人のディナーは最低でも2時間以上かけるなど、贅沢な時間の使い方をしています。日本のサラリーマンは、仕事の〝ついで〟に牛丼を胃に流し込むように食べることがありますが、あの光景と対照的です。

フランス人が食事に時間をかけるのは、自分の人生を愛している表れともいえます。せっかく食べるのだから、美味しいものを、大好きな人たちと、たくさんの話をしながら食べたいのです。単に食べるのではなく、楽しく食べたい。それは、単に生きるのではなく、楽しく生きることに価値を置いていることと同じです。

フランス人のこの感覚は、忙しい日々を送るわたしたちだからこそ、見習うべきところがあるのではないかと思います。美味しいものを、好きな人と、時間をかけて楽しく食べる。

つまり、「心から食事を楽しむ」ということ。

これがフランス流、太らずに、食べることを楽しむ簡単な方法です。

ワインがなければ

生きられない

Hédoniste

ポリフェノール効果は絶大

〝フレンチ・パラドックス〟をご存じですか？

「フランス人は、脂肪の多い料理を食べているのに心臓疾患が少ない」ことから生まれた言葉です。その理由は、赤ワイン（Vin rouge）に含まれるポリフェノールの働きによる説が有力です。

ポリフェノールは、美肌効果も期待できます。わたしはいつも、「フランス人の美の秘訣は何ですか？」と聞かれたら「ワインを飲むことです」と即答します。

ちなみにワイン王国であるフランスでは、自国でつくられたワインしか飲みません。というより、スーパーや酒屋では、他国のワインがあまりないのです。

赤ワインの中で一番好きなのが、Bordeaux, Médoc（ボルドー・メドック）。フランス南西部ボルドーのメドック地区でつくられたワインです。赤ワインの中でもボルドーは、ポリフェノールの含有量が多い。サン＝ジュリアン（Saint-Julien）、ポーイヤック（Pauillac）、サンテステフ（Saint-Estèphe）、シャトー・マルゴー（Château

Margaux）などがありますが、いずれも力強くて複雑な味わいのあるものばかり。2005年、2009年、2010年はワインの〝当たり年〟と言われた年。この年につくられたものを買うと素晴らしい風味を味わえるのでおすすめです。サンテミリオン（Saint-Emilion）のまろやかさも素晴らしい。

他にも、ボルドーに比べたら柔らかくてフルーティーな味わいのブルゴーニュ・ルージュ（Bourgogne rouge）もおすすめです。

仕事が終わったら、とりあえず

フランス人はアペリティフ（食前酒）も大切にします。それはオンとオフの時間を切り替えるため。これは自分の人生を豊かにするうえで、必要不可欠。

仕事が終わったら、「とりあえずアペリティフ」がパリジェンヌ流。カフェやテラスで待ち合わせて、1杯のアペリティフから始まります。

今日はどうしようか。映画に行くか、新しくできたレストランでディナーするか、家でホームパーティーもいいわね……。どんなに仕事はハードでも、1杯の特にシャンパーニュは、アペリティフで仕事からプライベートにスイッチを切り替えるのに最適です。

ホームパーティーといっても、ごくシンプル。フランスではお金をかけないというのもポイント。

オリーブやナッツ、フロマージュ、バゲットがあれば、それで幸せ。あと、サラミやパテ、ピクルスかしら。まだ食べられるようならさっとパスタを湯がけばいい。なりゆきで楽しむ、しなやかさも必要。

食べるのが大好きなフランス人。太らないのは、心から楽しいと思える、大好きな人と時間をかけて味わうから。

そして、赤ワインのポリフェノールが健康のためのとっておきの秘薬なのです。

スキンケアは

1点豪華主義

Simple

クリームだけは上質なものを

化粧品は1点豪華主義。フランス人のアンチエイジングは、クリームへのこだわりにつきます。そのかわり若い頃から妥協しませんが、とてもシンプルなスキンケアです。

日本に来て驚いたのが、日本の友人と温泉旅館に行った時のこと。使っているスキンケアのラインナップの豪華なこと！　化粧水、美容液、乳液、クリームがずらり。「いったいいくつ塗れば気が済むの？」と聞いたら「ドラ！　普通よ」だって（笑）。

この話をすると、フランス人の友達にはとても驚かれます。もちろんフランスブランドもずらりとラインナップを揃えていますが、それをすべて買う発想はフランス人にはありません。なぜならフランス人が使う基礎化粧品は、基本的には、昼間につけるデイクリーム Crème de jour（日本の保湿クリームのようなもの）のみだからです。

わたしは、日本でもおなじみのCLARINS（クラランス）に加え、ナチュラルコスメトロジーのエキスパートNUXE（ニュクス）やボルドー地方のぶどう畑から誕生したコスメCAUDALÍE（コーダリー）がお気に入り。

夜は、化粧水すらつけません。寝ている時間は、肌の余計な脂を落とす時間帯。その肌にあれこれと塗ってフタをしてしまえば、汚いものが詰まったまま逃げ場がなくなってしまうと思うからです。冬場など乾燥がひどい日だけ、ナイトクリーム(Crème de Nuit) をつけています。

このシンプルスキンケアは、「クリームだけは上質なものを使いなさい」と、祖母から母へ、母から子どもへと伝えられてきたもの。大学生ぐらいの時から将来のシミやシワ対策としてデイクリームを使い始めますが、はじめからYVES SAINT LAURENTのような高級クリームを使いました。目の下のクマ、シミやシワができやすい目元には、特に念入りに塗り込んでいます。

加齢でシワができるのは当たり前。シミだってできてきます。でも、フランス人は整形してシワ1本ないまま年をとるなんて、考えられません。

そんなナチュラルでない生き方はしたくないし、自分を否定したくないから。だからといって、シミだらけ、シワだらけでもいいというわけでは、もちろんないわ。「ありのままのわたし」の中で、できる範囲のケアはしておきたいと思っているのです。

フランス人女性がもっとも好きなもの。それは愛、ビューティー、食べること。だからコスメは大好き。とりわけ美しくあることには関心があるし、美しくなるための努力はしています。でも、整形や厚化粧ではない、というだけ。今のわたしの顔は、笑えば目元にはシワが出ますが、老けて見えるほどの深い刻まれ方をしていないのは、クリームだけはこだわってきたおかげかな、と思っています。

クリームだけは妥協しない美容法。一度試してみて！

ヘップバーンみたいな

帽子をかぶってみる

Charmante

小さな改革が大きな変化をもたらす

「今日は帽子の日です」

そして、帽子の日は、一日中帽子をオフしない。

美しく年を重ねるために大切なのは、自分の人生を心から「好きだ」と思うこと。

あなたは、自分の人生が好きですか？

ここで「はい」と即答できなかった人は、小さなことからチェンジしてみませんか。毎日、ささやかな楽しみを見つけられる人は、自分を、人生を楽しんでいる人だと思うからです。

たとえば、いつもしないファッションにトライするだけでも気分は変わります。帽子をかぶる習慣がない人は、かぶってみる。緩めのトップスとラクちんパンツの大人カジュアルなコーディネートに麦わら帽子を合わせれば、それだけでおしゃれ度はグンとアップします。つばが広めで小顔に見える〝女優帽〟は、ジャケットとジーパンなどのシンプルスタイルに合わせると、一気にエレガントで上品なイメージになります。帽子を被る。たったそれだけでファッションセンスが引き上がったら、毎日がさらに楽しく過ごせそうですよね。

帽子に興味を持ったら、帽子が印象的な映画を観てみるのも面白いです。オードリー・ヘップバーン主演の『マイ・フェア・レディ』では、淑女たちの社交場であるアスコット競馬場のシーンで、ユニークで素敵な帽子がたくさん出てきます。オードリーも、いかにも上流階級の貴婦人がかぶるようなモノトーンの帽子をはじめ、いくつもの帽子をかぶっていますが、彼女の気品溢れる優雅な雰囲気にぴったりとはまっています。

大きくて派手な帽子は、ファッションのアクセントというより主役といった雰囲気ですが、こうしたものを見ているだけでもおしゃれのセンスは磨かれそう。

自分が何が好きで、どんなファッションがしたいのか改めて考えるきっかけになるかもしれません。

花束を買って帰る

Sensible

特別な日ではなくてもさりげなく

日本人もフランス人も、緑や花を愛でる習慣があります。

わたしの住んでいる神楽坂では、公園の木々は生い茂り、誰かの住宅の前にはプランターがずらりと並び、色とりどりの花が咲き、たくさんの緑を見かけます。日本人は、春になると梅や桜を見に行く人は多いです。わざわざ花とコンタクトをとる。眺めるだけで癒やされ、元気になります。パリ市内も、緑がたくさん！　公園はもちろんシャンゼリゼ通りの並木道、カフェやブーランジェリーのお店の軒先にも花は植えられ、街を歩くだけで四季折々を感じることができます。

パリジェンヌは、気分転換したい時は、お花を買って部屋に飾っています。道ゆく人が花束を持っているのはよく見かける光景。そう、パリジェンヌはバゲットと花束だけは、袋なんかに入れずにそのまま手に持って歩くのです。スーツスタイルに花束、ブラックワンピースでも花束、散歩の途中なら右手に犬のリード、左手に花束……、そんな感じです。

お花屋さんもたくさんあり、そのディスプレイは個性的。真っ白い花、真っ赤な花のみでディスプレイするお店もあり、まるでアート作品を見ているようです。クリスマスのディスプレイは、ツリーとお花を組み合わせたきらびやかなディスプレイのお店が増え、見ているだけで幸せな気持ちになります。

部屋の中にプラントを置いて、季節ごとに色とりどりの花を植える人も多いです。だから、2週間ほどヴァカンスに出かける時は大変です。お隣さんにカギを渡して植木に水をやってもらうなど、水やりの算段をしてから出かけなければなりません。もっとも、お隣さんも大切に植物を育てていることが多いので、相手がヴァカンスの時はこちらが水やりをする、持ちつ持たれつの関係が成り立っています。

フランス人は花束を人にあげるのも大好きです。家路を急ぐ人が、花束を持っているのは男女問わず見かける光景です。

素敵なのは、フランスでは男性も当たり前のように花束を買うこと。誕生日など特別な日ではなくても気が向いた時に花束をプレゼントしてくれます。こうしたちょっとしたサプライズがあると、愛情を感じて嬉しいですよね。男女問わず、花束を贈り合うことでお互いの心が潤っているのです。

たった数百円で部屋も心もぱあっと華やぐミラクル・マジック。

頭を空っぽにして

手だけ動かす

Cultivée

無心になれる料理、片づけ

無心になる時間を持つことは、いつまでも若々しさを保つ秘訣。

忙しさからくるストレスは「老化」への第一歩。

ストレスを溜めたままだと、マイナス感情を増幅させてしまいます。わたしはそういう時は、とにかく手を動かします。

たとえば、料理。ポテト、玉ねぎ、にんじん、パプリカ……冷蔵庫に残っているたくさんの野菜を取り出して、包丁で切って、鍋で煮込む。料理をしている間は、次に何を切るか、調味料をいつ用意するか、どのお皿に盛りつけるかなど段取りを考えることに集中できるので余計なことを考えずに済みます。

美味しい料理ができあがったら、ストレス解消と美味しい食事で一石二鳥。これほどお得なストレス解消法はありません。温かいスープをつくれば体の芯からポカポカになります。こうして少しだけ気持ちが軽くなる。そんなことを繰り返していくと、少しずつ元気になることがあります。

部屋の片づけをするのも、いいですね。そういえば、先日、突然思い立って本棚の中にある本を全部出して整理し直しました。わたしの書棚にはすごい数の本が詰まっています。単行本はもちろん、雑誌、リーフレット。それらを全部ひっぱりだして、テーマごとに並べ替えるのです。小説、フィクション、アート、ビューティー、ビジネス、歴史……。何時間もかかりましたが、こうした単純作業は、〝無心〟になりたい時にうってつけです。

頭を休ませて手を動かしていると、だんだん気分がすっきりしてきます。ダメージを受けた心はすぐには立ち直れないかもしれないけど、「明日からもう少し頑張ってみようかな」という気持ちに少しでもなれたらそれでいいと思います。

それからわたしは、何も考えず、ただサイコロを振ることがあります。

あらかじめ、どの数字が出たらラッキーか自分で決めておいて、いざ振ってみて、その数字になったらラッキー。明日は、ちょっといいことがあるかな？　こんなふうに気持ちを切り替えることもあります。フランス人女性は、そういう遊び心がすごくあります。

週に一度、

妻もママもやめる

Femme

役割を演じ続けると自分が薄れる

「自分を演出すること」と「役割を演じること」は違います。

日本女性が自分らしさにブレーキをかけていることがあるとすれば、環境に応じてそれぞれの〝役割〟を演じてきたことに関係があると思います。

兄弟を紹介する時、日本では「わたしの妹です」「わたしの兄です」と明確に線引きします。でも、フランス語で紹介する時は、「Ma sœur（わたしの姉妹）」「Mon frère（わたしの兄弟）」などと紹介します。

これは英語の「My sister」「My brother」と同じ感覚で、紹介する時点では、お姉さんなのか妹なのか、お兄さんなのか弟なのかは相手には分からないのです。これは言葉の問題で、文化の違いです。

もちろん「ドラはどっちなの？」と聞かれれば「姉です」と答えるし、答えることに何の抵抗もありません。でも、人に初めて紹介する時に「姉です」「妹です」という言い方はしないのです。

小説の翻訳の仕事をしている友達は、毎回、フランス文学を翻訳するたびに苦労しています。どちらが姉か妹か分からないから、「○○姉妹」という曖昧な訳し方しかできないのだとか。

日本人が姉なのか妹なのか明確にしたがるのは、役割を演じる必要があるからだと思います。

日本人の女性は、家族の中で姉妹の長女だったら姉の役割、結婚してからは○○さんの奥さんとしての役割、子どもが産まれたら○○ちゃんのママとしての役割を担います。それは延々と続き、孫ができたあともおばあちゃんと呼ばれるのです。気がついたら、役割を演じるうちに一生を終えてしまいます。

本当は社会に出たいのに、夫のために毎日美味しい料理を手づくりする優しい妻。本当は夫にもっと手伝ってほしいのに、子育てを一手に引き受ける母。たまには早く帰って自分の時間が欲しいけど、働く女性の責任感で残業してしまう働く女性……。

それぞれの場面でとても頑張っているのは分かりますが、いろんな役割を演じていると、だんだん「わたし」が薄れてしまう。他人からどう見られるかにばかり意識を集中させることになるので、「これがわたし」というスタイルを確立するのが難しくなってくるのです。

役割を演じ続けるだけの人生を送れば「年をとるほど、老け込む」のは当然。だって、中年のおばさん、還暦を迎えたおばあさんという歳になったら、そのように演じなければいけないのですから。

だから今日からは、週に一度でもいいから、「妻」や「○○ちゃんのママ」はやめてみませんか？　そんな役割は脱ぎ捨てて、夫やパートナーと名前やニックネームで呼び合うのです。

先日、お互いを「パパ」「ママ」と呼び合う夫婦に会いましたが、あの呼び方はフランス人から見たら言語道断！　しかも、その夫婦には子どもはいなかったのに、なんでパパとママ？　一番身近な存在の夫から毎日「ママ」と呼ばれたら、それこそ老化一直線です。

普段はパパ、ママと呼び合っていた日本の夫婦が名前で呼び合うようになったら〝愛情ホルモン〟と言われるエンドルフィンが増えたという調査結果もあります。

わたしたちは、妻である前に、ママである前に、一人の女性。かけがえのない「わたし」を大切にしていきましょう。

ヴァカンスで

自分を取り戻す

Décontractée

忙しいは「心を亡くす」状態

忙しい。この状態ほど、人を疲れさせ、老け込ませることはありません。

わたしの場合、忙しくてなかなか自分の時間がとれないとストレスはピークになります。

「忙」という漢字は、「心を亡くす」と書きます。まさに、心が亡くなった状態だから、すごく疲れてボーッとするし、気分もぐったりしてしまいます。体のあちこちが凝って、だんだんイライラしてきて、それが顔にも出てしまいます。クリエイティブなことは後回し。目先の仕事をこなすだけで精一杯になり、ハッピーな気持ちからどんどん遠ざかってしまいます。

この話に関して、わたしがいつも驚くのは、「忙しい」と答えた時の日本人の反応です。

ほとんどの場合、「忙しいのは、いいこと」と言われます。肩が凝った、疲れた、ストレスフルだと言っても、「忙しいのは、いいことよ。ドラ」と口をそろえて言うのです。

同じことをフランス人に言ったら、ほとんどの人が眉をひそめ、わたしに同情し、「忙しいなんて、かわいそう！」と言うでしょう（笑）。


どうして日本人は、忙しいことを美徳にするのでしょうか。

暇になることに、まるで罪悪感を感じているような人が多いのが驚きです。

金曜まで働いてやっと週末だ！　という時も、なぜか土日でも平日とまったく同じ時間に起きて早起きする人はけっこういますよね？

子どもまでそうです。夏休みになった途端に始まる早朝のラジオ体操。あれは何？　近くの公園からスピーカーの音に乗ってラジオ体操の音楽が流れてきた時、わたしは、何事か！　と飛び起きて、公園まで駆けつけてしまったほどです（笑）。

早起きを習慣にしないと、遅刻ぐせがつく。

暇になったら、サボりぐせがつく。

まるで、こんなふうにインプットされているようです。

これはフランス人にはまったくない感覚です。フランス人は、お昼近くまで寝て、そのあとパートナーとベッドでゆっくり朝食をとって、語り合ったり愛し合うなど優しい時間を過ごしています。

「自分の時間」についてもっと考えてみる

ヴァカンスの感覚はもっと違います。フランスはヴァカンスに最低2週間。5週間ぐらい取るのもザラです。

「どうせ、日本ではヴァカンスなんて取れないし」

いいえ、そんなことはありません。

日本には、有給休暇があるじゃないですか。

休暇が取れないのではなく、取らないだけ。取ればいいだけ。休んでしまえばいいのです。ヴァカンスは何も南の島に行かなくてもいい、家にずっといる1週間でもいいのです。ヴァカンスの本来の目的は、体と心を休め、リフレッシュすることにあるのですから。

でも、そうは言っても、実際にはまとまった休暇は取らない人の方が多いです。休暇を取らず、退職する時に1カ月ほど休みを取ってサラリーマン人生を終える人もいます。なんて、もったいない！

もちろん、有給が取りにくい事情は察します。日頃から上司より先に帰ることが許されない雰囲気の会社なら、長期休暇なんてもってのほか。そう思う人は多いでしょう。

広告会社で働く日本人の友達は、フランス語の勉強をしたくて会社近くのアンスティチュ・フランセ東京（旧・東京日仏学院）に通い始めました。授業の開始時刻は19時から。終業が17時半ですから十分に間に合います。

しかし、しばらくするとなぜか18時半からの会議が増えたのです。わたしの友達が嬉々としてフランス語を学ぶのが面白くなかったのでしょう、上司である女性部長がわざと18時半に会議をセッティングしたのです。当然、彼女は学校を欠席がちになってしまいました。

こんなことがあったら、フランスだったら裁判沙汰。日本は、セクハラの意識はずいぶん変わりましたが、こうしたパワハラに関する認知はまだまだ浸透していません。でも、やりたいことを阻む権利は誰にもありません。

一方、「休暇を取ったら仕事が滞る。だから取らない」と言う人もいます。でも、フランスはあれだけヴァカンスを取っていてもGDPは世界第5位です。これは、オンとオフの切り替えが明確で生産性がとても高いことを意味していると思います。フランスの労働時間はとても短いですが、生産性は世界で2番目。でも、長時間労働が当たり前の日本の生産性は低いのです。長時間労働が生産性を下げるという事実は世界的な問題となっています。

機械化されている部門の生産性は高い。でもデスクワークの場合、会社にいてだらだらと働いている時間があるかもしれません。それを見直して、効率よく仕事をして、休む時は徹底して休む。その時は、周囲に気兼ねせずに有給休暇を取って、美味しいものでも食べに行きましょう。

自分の時間を意識することは、幸せな人生を送るためには必要。あなたの人生、あなたの時間を大切にして。

Si vous voulez que la vie vous sourie,
apportez-lui d'abord votre bonne humeur.

——Spinoza

人生に微笑んでほしいのなら、まず人生と機嫌よく付き合いなさい。

——スピノザ

お金を使わない

とっておきの贅沢

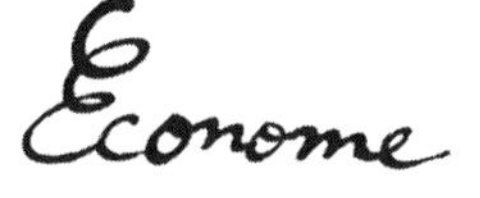

本当に気に入ったものを必要なだけ

パリの蚤の市に行ったことはありますか？

バンブーやクリニャンクール。パリが好きな人なら一度は訪れてみたいスポットです。なぜって、見ているだけでワクワクするアンティークのお宝で溢れています。使い込まれたいぶし銀のカトラリー、カラフルでポップな食器、アンティークファブリックやレース。掘り出し物のバッグや靴、洋服ももちろんあります。それだけではありません、修理し手入れされた年代物の家具も。

蚤の市は観光スポットとしても人気ですが、フランス人も当たり前のように利用します。

なぜって？　フランス人はお金を使うことに、意味を見出さないから。

「大量生産、大量消費」が豊かさとは考えないのです。それだけではありません、お金のために自分の人生を犠牲にして働くこともしません。お金がなくても幸せに生きていけると知っているからです。

ですので、フランスではお金持ちだからといって尊敬されるということはあまりありません。お金持ちの医者より、貧乏なアーティストのほうがよっぽど尊敬されるのです。

わたしの東京の家で使っているソファーは、わたしが日本に来たときゴミに出されていたのを拾ってきたものです(笑)。

日本に来て驚いたことの一つに、まだ新しいもの、まだ綺麗なもの、まだ使えるものでも、いらなくなったら簡単に捨てるということ。これには本当に驚きでした。フランスでは考えられない!

当初わたしは、体一つで日本にやって来たので、家具もない、お金もないという状況でした。そんなわたしにとってはまさに天の恵み! 使えるものが道端に落ちてるんですもの。衝撃でした。最近は少なくなってきましたが……。

フランスでは、必要がなくなったらリユース、リサイクル、もしくは寄付します。物は単なる物質ではないのです。最近でこそエコという考え方が浸透してきましたが、フランスではずっと昔からエコは当たり前なのです。
とっておきのバッグは母親からもらったCHANELだったりします。

必要ないものは買わない。もちろん買うときは慎重に選びます。

「本当にこれが欲しいのか？」
「本当にこれが必要か？」

家具だけでなく、洋服やバッグ、装飾品すべてです。フランス人は本当に気に入ったものを必要なだけ持ち、それを大切に使うのです。

日本人は本当に買い物が好きなんだなと思います。「せっかくの休日にカップルでデートせずに、買い物に行くですって？」と驚いたことがありました。
フランスでは休日はお店が休みなので、買い物ができない。何のために、わざわざせっかくの休みに、お金を使うためだけに過ごすのか、本当に不思議でした。

フランス人はお金がなくても存分に休日を楽しみます。手作りのサンドイッチを持って公園にピクニックに行く。入館料が無料や安くなるチケットを使って美術館に行ったり、映画を観る。いくらでも。


消費が娯楽、消費が豊かさ、という感覚がないのです。

物は大切に使うのが当たり前。壊れるまで、いえ、壊れても修理して使います。次から次へと新商品を買わなくては、とは考えません。

お金を使わない幸せを見つけてみませんか。

年齢を気にしない

Capricieuse

「同じ年ね！」「だから、何？」

年齢とその人の魅力とは関係ありません。

若くても年をとっていても、魅力的な人はいつも魅力的なのです。

日本人は、相手がいくつなのか、年齢をとても気にします。それは、勝手に自分自身を狭めてしまうのと同じことだと思います。

ある出版社のイベントに出かけた時のことです。

編集者と話をしていたら、その編集者と知り合いの人がやってきました。

2人は普通に話していたのですが、少ししたらこう言うのです。

「え？　あなたも1967年生まれ？　やだ、うそ!!」

同じ年だと分かった途端、「キャー！」と黄色い声をあげて2人で手を取り合わんばかりにエキサイト。それまでのテンションとの違いに、おかしくなって笑ってしまいました。

わたしは、もしも誰かに「ドラ、同じ年ね」と言われても、戸惑うばかり。内心では『……だから、何？』と思ってしまいます。同い年だから、当時の流行が一緒だったというのは分かります。人気のあったテレビドラマやヒット曲が同じなら共感ポイントはあります。でも、それがなぜあの喜び方に結びつくのか、やはりピンときません（笑）。

年齢を意識する感覚はフランス人にはまったくないので、理解できないのです。いいえ、フランス人だけではありません。わたしはドイツやイタリア、トルコ、アメリカ、メキシコ、キューバ、中国、韓国、マレーシア、カンボジア……、まだまだたくさんの国を訪れていますが、どの国も日本人ほど年齢を気にしている国はありません。

だからわたしは、日本に来た当初、年齢や年代でカテゴライズする日本人の感覚にはついていけませんでした（もちろん、今も）。

「もう歳なんだから」

「まだ結婚しないの？」

ライフスタイルが年代別にあらかじめ決まっているようで、滑稽(こっけい)です。同時にモデルケースから外れたとたん、マイノリティーの烙印を押されるようでヘビー。

先日も、仕事で会った34歳の日本人の女性が、親戚からの結婚のプレッシャーがひどいと泣き出したのです。彼女は、英語も堪能、世界で活躍しているジャーナリスト。「国際感覚も身についているはずなのに、どうして?」と驚きましたが、そんな女性でも「35歳までに結婚しなければ」という焦りがあると言うのです。もちろん出産のタイムリミットを考えると焦る気持ちも分かりますが、そのことと親や親戚、周囲のプレッシャーに耐えかねて結婚するのは全然違う話です。

30代でも40代でも、その人が結婚したいと思った時が〝その時〟なのに「20代までに」「30代半ばまでに」とカテゴライズしたとたんに、縛られてしまう。窮屈に感じませんか?

日本の雑誌もカテゴライズしたがります。『CanCam』のキャッチコピーは「かわいくておしゃれな20代・働き女子のキラキラ★マガジン」。『STORY』をパラパラめくると「すべての40代を、ファッションで応援します」「40代目線で選びに選んだ結果……」というコピーが飛び込んできました。

日本人は、この年代になったらこうしなければならないという言い方をよくしますが、本当にそうでしょうか？

フランス人は年齢をまったく気にしないので、何歳であろうと自分のやりたいことをやります。同年代だけで集まる習慣もありません。パーティーに年齢制限なんてないから、年上でも年下でも誰と行ってもＯＫ！

年齢、年代に縛られた生き方をしていたら、世間の目を気にした生き方に偏ることになり、自分らしさは影を潜めてしまうのではないでしょうか。わたしから見ると、とても生きにくいように感じます。

年齢は意識しない。年齢は関係ない。自分自身が〝年齢〟から自由になるという意識を持つことが、自分らしく生きる第一歩です。

あとがき

年齢から解放されたとき、自分の人生を愛することができる。

いいことしか起こらない

『パリジェンヌ——美の秘訣』。

この本のスタートは「美」をテーマにしたものでした。でも、原稿を進めるうちに、「本当の美しさとは何か」という、もっと根本的なテーマに突きあたりました。

美しさと年齢は関係するでしょうか。

いいえ、関係ありません。

ドラは昔から年のことなんて、まったく考えたことはありません。
だから、日本にきたとき、年齢を重視する文化に驚き、戸惑ったものです。
その堅苦しさといったら！
そして、私も少し年をとってみて、感じたことがあります。

年をとるほど美しくなる。
年をとるほど楽しくなる。
年をとるほど自由になる。
年をとるほど若くなる。
年をとるほど経験が増える。
年をとるほど可能性が増える。

そう、いいことしか起こらない。
だって、「ドラ、いつまでも変わらないね」「ドラ、綺麗になったね」と最近、よく言われます。

美しさの秘訣は美容クリームではなく、自由に、わがままに、人生を楽しむことだということを、この本でみなさんにお伝えしたい！

自分らしさというオーラを放つ時

フランス人は、自分の人生をどん欲に楽しんでいます。まさに、年齢に関係なく、一度きりの自分の人生だもの、楽しまなくっちゃ。

人生を楽しむとは、
・美味しいものを食べること
・旅すること、恋すること
そして、
・明日ではなく、今を大切にすること
それが、パリジェンヌ流。

あと、忘れてはいけないのが「自分らしく生きる」こと。

自分らしく生きるっていうのは、年齢に関係なく、やりたいことをやって、自由に気ままに生きること。同時にNONと言えることも大切ね。

そうすると、どんどん自信がついてきて、オーラが出てくる。だから、若々しく美しくなれることを約束するわ。


年齢はパスポートに刻印された数字ではない。

年齢は自分の心と体そのもの。


年齢から解放されたとき、自分の人生を愛することができます。

この本を手に取った皆さんが、より自分の人生を愛し、ますます美しくなることを願っています。

出版のきっかけをくれた村松千恵さん、原稿の手伝いをしてくれた三浦たまみさん、編集者の長谷川恵子さん、メルシー！

ドラ・トーザン

幸せをもたらす フランス語講座

Chapitre 1

Libre	自由	Autonome	独立した
Sereine	穏やかな	Courageuse	勇敢な
Passionnée	情熱的な	Volontaire	自主的な
Originale	個性的な	Personnelle	個人の
Amusante	楽しい	Solitaire	孤独好きの
Brillante	華々しい、輝かしい	Indépendante	自立した
Heureuse	幸せな	Drôle	おもしろい

Chapitre 2

Féminine	女性らしい	Parisienne	パリジェンヌ
Séduisante	魅惑的な	Sensuelle	官能的な
Belle	美しい	Naturelle	自然な
Elégante	エレガント、上品	Amoureuse	恋をしている
Chic	しゃれた	Excentrique	風変わりな
		Mystérieuse	謎めいた

Chapitre 3

Romantique	ロマンチック	Cultivée	教養のある
Gourmande	くいしん坊の	Femme	女性
Hédoniste	快楽主義の	Décontractée	カジュアル
Simple	シンプル	Econome	節約
Charmante	魅力的な	Capricieuse	気まぐれ
Sensible	敏感な		

Special Thanks

Chie
Ayumi
Fumiko
Junko
Rie
Ponja
Mami
Tomoko
Sasho
Naoki
Kazunori
Masaki
Yu

本作品は小社より二〇一五年七月に刊行されました。

ドラ・トーザン（Dora Tauzin）

エッセイスト、国際ジャーナリスト。フランス・パリ生まれの生粋のパリジェンヌ。ソルボンヌ大学、パリ政治学院卒業。ＮＨＫのテレビ番組『フランス語会話』に5年間出演。慶應義塾大学講師を経て、「アンスティチュ・フランセ」、「アカデミー・デュ・ヴァン」などで講師を務める。また、日本とフランスの架け橋として、新聞・雑誌への執筆や講演、テレビ・ラジオのコメンテーターなどで活躍中。
２００９年、文化庁より長官表彰（文化発信部門）、２０１５年、レジオン・ドヌール勲章を受章。
主な著書に『好きなことだけで生きる』（大和書房）、『パリジェンヌ流 今を楽しむ！ 自分革命』（河出書房新社）、『フランス式いつでもどこでも自分らしく』（三笠書房）などがある。
HP
http://www.doratauzin.net/
Facebook
http://www.facebook.com/dora.tauzin.official/

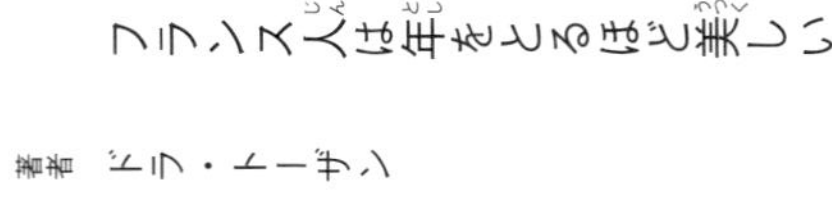

フランス人は年をとるほど美しい

著者　ドラ・トーザン

二〇一八年九月一五日第一刷発行

発行者　佐藤 靖
発行所　大和書房
東京都文京区関口一－三三－四 〒一一二－〇〇一四
電話 〇三－三二〇三－四五一一

フォーマットデザイン　鈴木成一デザイン室
本文デザイン　ME&MIRACO
原稿協力　三浦たまみ
イラスト　大橋美由紀
本文印刷　厚徳社
カバー印刷　山一印刷
製本　ナショナル製本

ISBN978-4-479-30721-1
乱丁本・落丁本はお取り替えいたします。
http://www.daiwashobo.co.jp